U0330925

企 鹅 人 生

PENGUIN
LIVES

拿破仑

〔英〕保罗·约翰逊 著

孔茂颖 译　赵庆丰 校译

Napoleon

生活·讀書·新知 三联书店

目 录

引　言

　　拿破仑·波拿巴对历史的影响很少有人能超越。他
的故事最能反驳宿命论者的观点。宿命论者认为，决定
事态走向的是力量、阶级、经济和地理，而不是人的意
志——无论男女。虽然拿破仑在位仅十五年，但他对后
世的影响一直持续到他去世近二百年后的 20 世纪末。事
实上，他的影响似乎至今也没有退去。人们依旧喜欢
阅读他和他那耀眼的发家史，就像在古罗马时期或者
中世纪时人们喜欢阅读恺撒一样。读者随之会思考这
样一个问题：如果我是拿破仑，我也能做到吗？有野
心的人通常把拿破仑视为榜样或者拿他的事迹激励自
己。这其中明显有不少行使着各种权利却又并不满足
的人——比如媒体大亨们——他们用拿破仑语录装饰办
公室，甚至以之自比。

　　本书的观点之一就是，拿破仑不是理论家，而是一

个机会主义者，他抓住了法国大革命这个意外事件，把自己推向了权力的制高点。这里说"意外事件"，是因为英国和斯堪的纳维亚诸国的经历表明，所有由法国激进分子用暴力和流血所实现的期待中的改革，原本都可以通过和平的手段实现。大革命的恐怖时期本来是可以避免的，但事实上却导致了极端主义，而拿破仑正是它的受益者。他没有学习乔治·华盛顿，华盛顿与他处在同一个年代，比他年长，将军事胜利进一步转化为民主进步，放弃了暴力，实行法治。但是拿破仑却总是相信刺刀和大炮。他唯一能理解的语言就是暴力，而最终暴力也对他做出了最残酷的判决。

同时，拿破仑在欧洲大陆发动了前所未有的毁灭性战争。大规模征兵第一次在军队扩张中扮演了重要的角色，军队间的冲突导致了国家间的战争。随着战争的持续，战场上的伤亡人数残酷地递增，同时，平民遭受的痛苦也越来越多。首当其冲的是意大利，然后是中欧，最后是西班牙和俄国，都变成了拿破仑征战世界的受害者。尤其是被反复争夺的德语地区，这个地区的人对拿破仑极度厌恶，这种情绪最终对德国民族主义思想的形成起了关键性的作用，而这种思想后来则变得具有攻击性和威胁性。全面战争的新概念出现了，随之而来的是各种机制，如秘密警察、具有一定规模的职业间谍、政府宣传机器，以及捏造的所谓民主运动、选举和公民投票。法国本土虽然只在战争的最后阶段卷入其中，但是惨遭苦难，一些损失是无法弥补的。在其他欧洲民族快速发展的时期，法国的发展因战事而放缓，开始停滞，进而不可避免地从欧洲顶级强国下滑到第二梯队——这才是拿破仑留给他祖国的真正遗产。

拿破仑的军事独裁瓦解之后，在维也纳集结的政要们决心重塑古老的正统皇权，还要尽可能地恢复原来的惯例和法律条例，因为它们曾维持和平，遏制过战争爆发时敌对行为的影响。维也纳会议必定是史上最成功的和谈之一。虽然也有一些例外，但它的出现大体上确定了此后百年欧洲各国的国界；它虽然没能阻止所有的欧洲战争，但也让大战爆发的可能性大幅降低了。总的来说，19世纪是欧洲和平、进步、繁荣的时期，直到旧制度在"一战"期间最终瓦解。

后来，法国决定将这位曾经的统治者视为民族英雄和全世界的典范，于是残留的拿破仑式独裁盛行起来。第一次世界大战本身可以说是拿破仑的全面战争的缩影，而在"一战"中兴起的无政府国家中，一群新意识形态的独裁者们则视拿破仑的统治方式为典范，先是在俄国，然后在意大利、德国，另有许多小国跟随其后。20世纪的集权主义国家就是践行拿破仑理论的最终产物。因此，我们看待拿破仑这段壮观的职业生涯时，不应该掺杂浪漫主义色彩，而要保持怀疑和敏锐的态度。21世纪初满心焦虑的我们，为避免重蹈20世纪的覆辙，就必须从拿破仑的一生中汲取教训，知道哪些需要担心，哪些需要规避。

第一章 科西嘉背景

1769 年 8 月 15 日，拿破仑出生在科西嘉岛的阿雅克肖。说来讽刺，这个想要征服整个大陆的男人，一生却为三座小岛所困：科西嘉岛，不及威尔士一半大小，也不比佛蒙特州大；厄尔巴岛，比科西嘉岛还小很多，他的辉煌在那里得到了戏剧性的重演；以及圣赫勒拿岛，大西洋中一个很小的点，他死前最终的囚禁地。1769 年也是拿破仑的宿敌威灵顿公爵和他的政治盟友卡斯尔雷子爵出生的年份。在这段时间前后，诞生了许多即将到来的时代中的伟大人物：夏多布里昂[①]和斯塔尔夫人[②]，是拿破仑的另外两位死对头；华兹华斯和柯勒律治，他们用诗歌和散文诅咒他；贝多芬把他的英雄交响曲题献予第一执政，后又在他称帝时愤怒地将曲谱撕毁。还有其他许多人——黑格尔与施莱格尔、安德鲁·杰克逊、约翰·昆西·亚当斯、乔治·坎宁、梅特涅，还有瓦尔特·司各特男爵。

---

① 夏多布里昂（François-René de Chateaubriand, 1768—1848），法国 18—19 世纪的作家、政治家、外交家，法兰西学院院士。书中脚注如无特别说明均为译者注。
② 斯塔尔夫人（Madame de Staël, 1766—1817），法国女作家，浪漫主义文学的早期代表，积极浪漫主义的先驱。

从其他方面来看，这也是硕果累累的一年：以纺织业为先锋的工业革命刚刚在英国兴起；库克船长登陆博特尼湾，将最后一块大陆大洋洲纳入了西方世界的版图。但是，科西嘉岛离这些事以及其他大事件都非常遥远。它贫穷、荒凉、被忽视、受剥削，在政治和经济上都无足轻重。恰好在一百年之后，英国艺术家爱德华·李尔带着绘画材料登上了这座岛，为它留下了耀眼的记录。一个世纪以来，这座岛屿没有丝毫改变：山峦起伏，松树林几乎不可穿越，岛上有着广袤的山石地和罕见的大瀑布，灌木丛林贫瘠无边，这片丛林在当地被称作"勒麻吉"[①]，后来成了游击区的代名词。全岛的收入极少，欧洲各个国家都认为它毫无价值。英国曾在 18 世纪两度得到它，又两度丢弃。因为比起它的价值，这座岛带来的麻烦更多。数百年来，这座岛一直隶属意大利的热那亚城邦。在热那亚是仅次于威尼斯的地中海最富有海上强国时代，它将科西嘉收入囊中。不过，除了沿海的巴斯蒂亚、卡尔维、博尼法乔和阿雅克肖几个城市之外，热那亚人的统治从来没有深入到一无所用的内陆地区。所以，当地

---

① 勒麻吉（le maquis），法语音译名，意为科西嘉丛林。

起义军就统治着内陆，偶尔袭击一下有城墙围筑的沿海城市。18世纪60年代，日益衰落的热那亚不敌起义军的攻击，向法国人寻求帮助。法国人提供了帮助，但是，法国不同意热那亚人对耶稣会信徒的宽纵政策，因而撤走了军队。1767年，本地起义军占领了阿雅克肖。对于热那亚来说，这是最后的一击。1768年，热那亚将整个岛屿以极低的价格卖给了法国。这对拿破仑来说是一个关键性事件，因为他生于1769年，这样一来，他自动成了法国公民。

并非所有人都轻视科西嘉。让–雅克·卢梭在他的《社会契约论》中指出，当欧洲政府大都腐败的时候，有一个小地方仍能本着简单和纯朴的精神立法来制止腐败，那就是科西嘉。卢梭接着指出，他预感这个自然之岛有朝一日会震惊欧洲。于是起义者们就邀请了这位智者前往科西嘉岛起草一部宪法，这部宪法将在起义者以武力赢得独立时生效。但卢梭最后没有去。不过他说服了他年轻的朋友，即后来为塞缪尔·约翰逊博士作传的詹姆士·鲍斯威尔在长途旅行中经停科西嘉岛。卢梭还为詹姆士安排会见了当时起义军的领导、有着"人民的将军"称号的巴斯夸·帕欧里。鲍斯威尔去了，并与帕欧里惺惺相惜，结下了一辈子的友情。鲍斯威尔在日记以及他返回英国后出版的关于科西嘉岛的书籍中，都生动地记录了这次旅行。他因此书而成名——成了"科西嘉的鲍斯威尔"。这本书在当时风靡欧洲，读者当中就有年轻的拿破仑，这书给了他灵感。

拿破仑并没有成为科西嘉岛解放者的野心，这是帕欧里要扮演的角色。这个角色既吃力又不讨好，而且无足轻重。对于拿破仑这种背景的人来说，他的未来不在岛内，而在外面的世界——在大海和更遥远的大陆上。人们经常进出科西嘉，在沿海城镇，人们野心勃勃，没有内陆地区人们那种永恒的稳定性。波拿巴家族最初是来自16世纪托斯卡纳地区的小贵族。在阿雅克肖，他们是世袭法官，保留了贵族的名号，有十六分之一的贵族血统（祖宗拥有贵族头衔），还有其他类似的名头。他们很少工作，经济能力也只能购买自家用的房子、花园，雇用一些仆人。卡洛·马里亚·迪·波奥拿巴——他这样称呼自己——娶了十四岁的莱蒂齐亚，她也来自意大利贵族一个遥远的分支。不过，莱蒂齐亚的家族中很多人都和科西嘉岛内的小地主结了婚。莱蒂齐亚为他生的孩子中有八个存活了下来，其中老二就是拿破仑，出生时注册名为拿布列（Nabulion）。虽然这名字最终成为一个时代的印记，但在取名时它是平淡无奇的。出于某种家族"圣母怜子"（pietā）[1]的观念，这位父亲仅仅是将祖父的名字简单地安在了他的第二个儿子身上。拿破仑几乎不曾用过这个名字。他有数千份手稿存世，显示他起初的签名是波奥拿巴（Buonaparte），后来是波拿巴（Bonaparte）。他后来所有的朋友，包括他的第一任妻子约瑟芬，从一开始就称呼他为波拿巴，无论是正式场合还是私底下，而我也将在整本书里使用这个名字。[2]在他称帝之时，出于皇家礼节，他不太情愿地使用了拿破仑这个名字。他第二任妻子用这个名字称呼他。但他很少签署"拿破仑"的全名，仅潦草地签上"拿破"（Nap）或"拿"（Np）。有时他会忘记新的头衔，只是签上"波拿巴"。

除了耶稣基督以外，有关拿破仑的书是最多的。每隔一小段时间就有关于他的新书出来，尤其以英文、法文居多，还有许多其他语种的著作。这些书总有读者。出版商们觉得，哪怕只看主题，关于拿破仑的书就会比

---

① 原文为意大利语。

② 为全书理解的便利，汉译本仍用"拿破仑"统称。——编注

其他传记畅销。这些书几乎都讲述拿破仑膨胀的野心来自家庭或者基因，几乎所有论调都认为他性格中的强硬来自母亲而不是父亲，因为他父亲在他很小的时候就过世了，而皇太后①的性格强硬又果决。有些传记作家因此将他好战的性格归结于他的科西嘉祖先。他们崇尚复仇的铁血纪律，崇尚家族仇杀。但很奇怪的是，拿破仑性格里欠缺的恰恰是复仇意识；他一反常态地（可以说不可预测地）宽恕别人的伤害——虽不总是如此，但足够令人惊讶。他读鲍斯威尔的书，从书中吸取经验——这些经验跟科西嘉岛毫无关系。除此之外，他自离开科西嘉岛后就对这座岛再没了兴趣。他没有再回过这座岛，它也从没出现在他的地缘政治考量中。另一方面，他也没显露过对于出生地的羞愧。他就是简单地将它从脑海中抹去了，因为它在他的雄心壮志中无足轻重。

传记作家们的另一套理论是说，拿破仑退化为他遥远的托斯卡纳祖先们的领导者，谁能出得起大价钱，他就会拔剑为谁效力，在此之上建立一个靠战争牟利的王朝。的确，在 1768 年法国接手之前，科西嘉一直都是

①　原文为“Madame Mère”，意为帝王之母，即拿破仑之母莱蒂齐亚。

仰意大利的鼻息。科西嘉与意大利更近，语言和文化深受意大利的影响。但是，在国家层面上，拿破仑从未对意大利表现出任何的亲近——他同意梅特涅对它的理解，"仅仅是一个地理表述"——而且当拿破仑将他的儿子封为罗马王继承人时，他所指向的也是另一个与意大利截然不同的、历史更久远的存在。他对意大利历史悠久的城市也毫无感情，他将它们看作从敌人手中攫取的金子和银币，奖励给他的家人和同盟。他鄙视意大利人。

作为一个身在阿雅克肖的科西嘉人，他自小就展望大海，崇拜英国皇家海军。皇家海军在地中海上乘风破浪，离家如此之远，却如此自信。他表达了作为少尉候补军官学生加入英国海军的意愿，想在适当的时候指挥令人敬畏的三层甲板军舰——它抛光精致，擦得光亮，漆刷一新，偶尔停靠港口。但这些都需要钱，甚至需要更多的"利害关系"（影响力或背景），他的家庭却完全没有。这个阶段很快就过去了。但是，回顾一下他早年的雄心壮志，是件很有趣的事。试想如果他的少年梦想得以实现，那么历史将会被如何改写。在年少时期，拿破仑的数学天赋就令他与众不同。这一天赋终身陪伴着他，也在他的征战生涯中起到了难以估量的作用。即使他去航海，这一天赋也会让他如鱼得水。毫无疑问，他能够在海军中身居高位，成为纳尔逊的竞争对手。实际上，大海一直在召唤着雄心勃勃的科西嘉人，也最终成为拿破仑的致命死敌。他从未参透过大海真正的战略意义，也一直没有明白地缘政治学中关于海洋的观点——他最后一个，也是致命的错误，就是在 1815 年 7 月 15 日登上"柏勒罗丰"号国王战舰，自此失去了自由之身。拿破仑认为英国的海上霸权来得有些牵强，甚至不公平。他对英国反感的部分原因也在于此。封锁线①成功了，英国胜之不武让他感到挫败，正是这种挫败感将他引入无穷无尽的大陆封锁②的迷宫，成了他最终覆灭的重要原因。

还有一次，拿破仑差一点成为雇佣兵。当时他已经是法国军队里经过训练的从业军官，但是晋升缓慢让他感到愤怒。于是他像当时很多欧洲军官一样，开始考虑去为土耳其苏丹服役。正在此时，一个晋升的机会正好出现了，他在法国军队里被授予更高的军衔，成为雇佣

---

① 指英国对法国的海上封锁。

② 大陆封锁（Continental System），拿破仑一世于 1806 年至 1814 年间为打击英国而采取的一项重要经济政治措施。

兵的时机便错过了。拿破仑天生不是当雇佣兵的料，当然他也不是个爱国者。他从不为感情、世俗或者宗教信仰所左右，只是有一点迷信。他心甘情愿成为迷信的祭品，算是形而上的力量在他身上留下的一抹痕迹。他信奉他的星辰，就像他崇拜的古罗马人一样（就他所能够欣赏人的程度而言）。他觉得他有自己的宿命，在他生命的绝大多数时间里，他都对自己的命运充满自信。尽管对自己的命运深信不疑，他还是决定用他的头脑、双臂和意志掌握自己的命运。在重要的筹划中，他头脑清晰，态度坚定。他不像雇佣兵那样锱铢必较，也不像爱国者那样心怀理想。他需要的是能带来权力的东西，这样他才能够抓住它，获得更多的权力。所以他问自己：最近的实权在哪里？答案呼之欲出：法国。

因此，拿破仑的出生日期意义重大，这使他直接成为法国的臣民。而且它的意义不止于此。从 1772 年至 1786 年，科西嘉岛的实际统治者，或者说沿海要塞城市的统治者，是布列塔尼贵族马尔伯夫伯爵。他组建了地方政党，网罗了卡洛·波拿巴。卡洛已经几乎一文不名，但是尚有十六分之一贵族血统，所以马尔伯夫可以将他作为本地贵族的代表送去凡尔赛。在此期间，六十岁的老色鬼马尔伯夫与莱蒂齐亚有了一段风流韵事（或者有证据表明是这样）。作为回报，马尔伯夫动用了一项基金——每年让六百个贫穷贵族的孩子在法国的贵族学校里就读，只要这些孩子的双亲能够证明他们的贵族血统。虽然别的方面不行，但拿破仑家里还是能提供这个证明的。于是 1778 年 12 月 31 日，军务部公示了时年九岁的小拿破仑和他的哥哥约瑟夫在皇家军事学院的入学信息。马尔伯夫为他们在欧坦的预备学校里安排了两个免费的名额。

在第二年年末的时候，拿破仑和他的哥哥约瑟夫前往法国，首先学习法语，然后在波旁王朝公共服务行业接受培训。在欧坦待了一年之后，拿破仑又去了布里埃纳五年，然后在巴黎的军官学院学习一年。这七年的时间让拿破仑转变为法国职业军人。其间，他因为两件事情受到冲击。其一，作为旧制度下的受益者，虽然仅仅是学生，也能享有奢侈的住宿条件。当他对法国军队的运转有发言权的时候，就把这一切停掉了。他声明，在法国军队里，所有人，包括军官，如果想要过得舒坦，那就要具备成功的能力以及对战利品的贪婪之心。其二，他意识到好好运用他数字方面的天赋有多么重要——这一点让他从军校顺利毕业（五十八名中的第四十二名），进入拉费勒炮兵军团担任陆军少尉。对于一个副官来说，如果没有财力和背景进入亲卫队或者骑兵队服役，这已是个不错的起点。但更重要的是，拿破仑开始持续关注数学在战争中的运用：作战时与敌方的距离、行军的速度和路线、补给和动物的数量及运载它们所需的交通工具，还有在不同情况下弹药的使用率、士兵和动物的替代率，以及疾病、战役、逃亡造成的损耗，这些都是18世纪军事后勤学的组成部分。他养成了默算这些信息的习惯，这样可以很容易地将信息转换成命令去执行。他还成了大师级的地图阅读者，几乎可以用一张二维的、易出错的雕刻纸来描绘地形。在他那个时代，很少有年轻军官具备这种能力，或者很少有人努力去锻炼这种能力。当被问及将一套攻城装备从凡尔登要塞送至维也纳市郊需要多长时间时，当时大部分军官都会迷惑地耸耸肩，或者乱猜一通；而拿破仑会去查看地图，然后给出精确的天数和小时数。战争中这种对于算术的运用使拿破仑更像是一个战略家。他具备战略家的素质，确切地说，是地理战略家的素质。

同时，他迅速地成熟起来，身高足有五英尺五英寸，面色苍白，身材瘦削，表情阴郁，稀疏的暗色头发垂在宽阔的前额上。他对食物和酒精都提不起兴趣，如果可以选择的话，他会在十分钟内吃完。他也从不狂欢作乐，没人见他喝醉过。他并不完全是一个独行侠，因为他喜欢发号施令。但他可能非常孤独，在学校和军事学院里，他都没有交到终身挚友。少年时代，甚至青年时代都飞逝而去。1785年2月，他的父亲因胃癌去世。拿破仑虽然是年仅十五岁的次子，大家还是一致同意由他来接替父亲成为一家之长，而不是和蔼但优柔寡断的约瑟夫。比拿破仑大一岁的约瑟夫（1768—1844）则决定放弃军旅生涯，像他父亲那样做了一名律师。在拿破仑起伏的一生中，约瑟夫将是个甘愿付出却毫无贡献的角色。另一个兄弟吕西安（1775—1846），更能顺从拿破仑的安排，他当过士兵，后来成了荷兰国王。但是他身体不好，缺乏激情，因此只好在1810年退位，淡出人们的视线。最小的弟弟热罗姆（1784—1860），精力和热情都最像拿破仑，后来成了威斯特伐利亚国王。他参与了许多重大战役，包括远征俄国和滑铁卢之役。他在滑铁卢战败之后被流放，直到路易的儿子，即后来的拿破仑三世在法国重振家族的雄风。拿破仑的姐妹当中，最年长的埃莉萨（1777—1820）嫁给了科西嘉人巴乔基王子。拿破仑后来让他做了皮翁比诺的王子，不久后埃莉萨离开了巴乔基，成为托斯卡纳大公爵夫人。宝琳娜（1781—1825）是所有姐妹中最美的一位，嫁给了拿破仑的西印度指挥官查尔斯·勒克莱尔，后来又嫁给了罗马王子卡米洛·博尔盖索，在后者的家族宫殿里如今还能见到安东尼奥·卡诺瓦所作的宝琳娜半裸躺卧的雕像。最年幼的妹妹卡洛琳（1782—1839）最靠不住。她嫁给了拿破仑的骑兵指挥官若阿尚·缪拉特，夫妻俩不久之后成为那不勒斯国王和王后。可以说，只要兄弟姐妹们服从自己，拿破仑都会在他的能力范围之内为他们尽心尽力。他赠予他们和他们的配偶公国和王国，但这些领土又转眼间丢失。他所有的兄弟姐妹，要么遭受了不幸，要么被长期流放。

不过，这些都是后话了，当十六岁的拿破仑接手成为一家之长时，大家都还很年轻，他的父亲实际上什么也没有留下。这位年轻人的月俸是九十三利弗尔，这其中每月的吃住就得扣掉二十，1791 年拿破仑晋升为中尉，月俸稍微涨了一点。他要确保他母亲体面地守寡，确保兄弟姐妹不会挨饿。在瓦朗斯的炮兵营中，他试图通过大量的阅读来提升自己，就像年轻的温斯顿·丘吉尔后来在印度服役时所做的那样。虽然法语有所进步，他还会时不时地犯奇怪的拼写错误，故而仍在用意大利语写信。他读柏拉图的《理想国》，布封的《自然史》，卢梭、伏尔泰、詹姆斯·麦克佛森的作品，早期浪漫主义经典，以及各种历史著作和传记。还有一部英文版的英格兰史，他认为英格兰是个成功的国家，其中的奥妙值得研究，所以特别用心地读了这本书。他认为英格兰的成功主要在于它的宪政，虽然他似乎从来没有得其三昧。他做了大量笔记，主要是统计资料。他也看小说，主要是历史演义小说。他还写小说，包括一部以1683年伦敦为背景的短篇小说，讲的是辉格党密谋反对查理二世的故事，故事中，恐怖的杀手、改革派以及因果报应都以奇怪的方式被糅合在一起。

他还开始撰写一部关于科西嘉历史的书。但对于科西嘉的未来，他的想法不停地在变，以至于这书后来一直没能写完。卡洛·波拿巴在死前和帕欧里将军闹崩了，中断了追求科西嘉独立的大业。帕欧里自此再也没原谅这个家族，他认为他们是叛国者、外来者。1789年，新的法国国民议会允许流亡英国的帕欧里返回科西嘉。返回后，他立刻着手组建科西嘉自治共和国。1786年9月至 1793 年 6 月，拿破仑曾四次回到科西嘉：第一次是作为法国政权的温和支持者，表达对马尔伯夫的感激；第二次是因为公开批评了法国压迫性的政权，从巴黎逃回去；第三次是作为帕欧里直接的支持者，出任科西嘉民兵的上校；最后一次是作为帕欧里的批判者与反对者归来，因为帕欧里对他不屑一顾，行使独裁权力，提议把科西嘉从法国分裂出去。这个时候，拿破仑将自己的赌注押在了科西嘉雅各宾派的身上。1793 年 4 月，内战在岛上爆发。帕欧里对于拿破仑这位接受过法国培训和教育并迅速成长的年轻士兵越来越怀疑，在他看来，一切到此结束。他公开宣判波拿巴家族为"永远的诅咒和耻辱"。在这片复仇至上的土地上，这意味着拿破仑一家，包括他母亲，将全部逃往法国寻求安全，再也不能回来。

虽然拿破仑对故乡小岛明显有着酸楚的回忆，还试图抹去这段记忆，但这座岛屿还是为他提供了很重要的东西：他所追寻的那张权力地图。纵然帕欧里变成了他的敌人，但在某种意义上，帕欧里仍是拿破仑的导师，因为帕欧里不是军阀，或者就像在他之前所有那些捍卫独立的前辈们一样，他无论如何都不只是军阀。他深受启蒙运动的影响——就像大西洋另一端的杰斐逊、亚当斯和华盛顿，英格兰的伯克和福克斯，法国的拉法耶特一样——他相信，为了建立一个有理想架构的人道主义共和国，革命和武装斗争都只是必要的前奏。帕欧里就是卢梭要找的人，他能将小小的科西嘉转变成一个模范联邦，借由法律的智慧垂范整个欧洲。在鲍斯威尔大量的作品和各种记录里，帕欧里是冷漠无畏又情绪敏感的贵族。他在流放期间吸收了英国的实用主义，又像美国的开国元老们那样，将其与卢梭、狄德罗和其他百科全书派们的抽象理想主义巧妙地融合在一起。如同卢梭设想的一样，他努力靠双手去获取机会，将科西嘉当作一块"白板"（tabula rasa），在上面刻下政府体制和法律条文，让微弱狭小的科西嘉成为举世瞩目的典范。唉，但凭他的钝剑无法独自赢取科西嘉的独立，英国盟友又抛弃了他，所以他也在流放中结束了一生。

但是，帕欧里既是征战军人，又是最高立法者和开明的统治者，他的形象已经成为拿破仑思想的一部分。他已经开始了对权力的追逐，而科西嘉的命运又使他能够为这种权力赋予一个目的。赢得一场战斗、战役甚至战争的胜利本身并非目的，而是向一个陈旧、腐朽、无用的系统施加新秩序的机会。拿破仑将成为整个欧洲的帕欧里，他将在无可比拟的更大的环境中，在一块大陆上，建立一个可能是世界级的、更为优化的人类统治体系。当时，拿破仑甚至从未意识到，这种想法有着自相矛盾的地方。帕欧里代表着科西嘉人自己，他仅仅是个解放者，他的立法得到了科西嘉人的同意；而拿破仑虽然有着针对欧洲的宏伟蓝图，但他只是一个征服者，而非解放者。打天下中的暴力与治天下中理想主义的规划彼此并不相容，因而，一切规划都成了纯粹的暴力占领，残暴又不公平。作为手段的战争，就这样变成了终极目标。拿破仑发现，自己一旦拔剑出鞘，就再也无法放下。于是，他每一次的凯旋都比上一次的胜利更接近自己的目标，却又不可避免地招来敌人，从而再入险境。所有这些，现在看来都显而易见。但在 18 世纪 90 年代初期，这一切都还不清楚，除了一点，那就是世界可能会被重新洗牌——整个欧洲可能都是"白板"——一位大胆的军人将在上面书写他的命运。

第二章　革命者·将军·执政·皇帝

对于像拿破仑这样的雄心勃勃、有政治意识、精力充沛的军人来说，18世纪90年代革命中的法国为他的登顶之路奠定了良好的基础。这一时期的法国，展示了革命的经典抛物线：以立宪开路，温和的改革者迅速升级为极端主义者；陷入暴动；出现一段高度恐怖的时期，然后被暴力终结；继而是一段无序、混乱的状态，疲惫不堪并拒绝改变，直至对一个"马背上的男人"寄予厚望，以求重塑规则、恢复秩序、再现繁荣。拿破仑手下一名将军的儿子维克多·雨果后来写道："没有什么比应运而生的想法更有力量。"或者说："没有什么比生逢其时的人更幸运。"拿破仑就是命运的宠儿，他头脑敏捷、做事果断，又有运气的加持，机会刚一出现，他就牢牢抓在手里。

拿破仑崛起的突出特征，如果说用一个词来概括，那就是机会主义。他就是机会主义的化身。他不像大多数成功人士那样有很大的思想负担。他没有所谓的爱国主义，因为他心中就没有国家的概念。科西嘉把他拒之岛外，法国仅仅是他的进身之阶和权力来源。他对阶级没有感觉，虽然从法律层面讲，他是个贵族，但是他没有土地、金钱或者头衔。他能看到现有等级制度的虚假，更重要的是，它还导致了效率低下。不过，他对国王或贵族本身并没有敌意。同时，他也不相信民主或者投票选举制度。

他以超然的态度看待人民：如果领导得当，他们可以做大事；没有明智的领导，他们就是一群危险的乌合之众。他认同卢梭提出的"普遍意志"这个模糊而抽象的概念，它为精于此道的统治精英们创造了机会，不需承担民主的风险，就可以凝聚民众，使其为同一目标全力以赴。实际情况中，精英一般会自动形成一个金字塔，顶端是一个人。这个人的意志代表普遍意志（一个反民主概念，国家的意志由一个人来体现，而非由多数人决定），并作为行动的基础，赋予其决定性。宪法的地位就好比店家的橱窗装饰，而"意志"才是真正要卖给民族国家的货品，而且这些货品一经售出，概不退换。如果这叫意识形态，那它就是机会主义者的意识形态。机会主义者能适应革命发展的各个阶段、等待属于他个人的时刻的来临。那是命运的事情，而命运没有意识形态，只需要践行。

拿破仑不信革命，但相信改变，或者更确切地说，他相信步步为营的变化。他想要事情变得更好，或者更公平、更快。如果在英格兰，他可能是一个功利主义者；在美国，他可能是联邦制拥护者或亚历山大·汉密尔顿的追随者；在奥地利，他可能是开明专制君主的原型约瑟夫二世的支持者和追捧者。在美国宪政和欧洲本土专制改革的影响下，18世纪80年代的欧洲已然到了变革的时候。所有人都想改变，几乎没人反对变革。比如18世纪80年代的丹麦，实施监狱和法律改革，建立贫困救济制度，实行土地改革，废除封建劳务制度，禁止奴隶贸易，取消过时的关税并开放贸易，这一切既没有借助暴民，也没有引起暴乱或政治事件。荷兰和德国部分地区的改革更为谨慎一些。如果路易十六更有魄力、更果断一些，法国可能会走上同样的道路。贵族身边充斥着激进的改革者们，皇室官僚期盼着改良。政府部门汇编了巨量的文件，连篇累牍地制订着改革计划。这些计划后来大部分由革命者们推出，并揽走了所有功劳。当时唯一缺少的，就是来自的上层冲动性决断。法国不像丹麦，它认为自己是个"伟大的国家"。在18世纪后半叶，法国为了保持自己欧洲强国的历史地位，像是履行义务般地参加代价高昂的战争，却又越来越难获取胜利。因此，18世纪80年代，法国在破产边缘挣扎，从而导致财务混乱，摊派税赋，宫廷渐趋绝望，最终在1789年召开了两个世纪以来第一次三级会议。在那之后，变革就失控了。

拿破仑作为局外人目睹了大革命的早期阶段，盼望着能参与决策。他的读书笔记，约有十万字保留了下来，其中这样描述了克伦威尔："有勇气、聪明、狡猾、善于掩饰，他早期崇高的共和主义理想让位给了贪婪的野心；在尝到权力的甜头后，他就只追求独裁的欢愉了。"1789年4月，拿破仑在奥克松第一次体会到了镇压暴民的滋味，他指挥着一小撮士兵，在快要动刺刀的节骨眼上把革命过激的人镇压了下来，与克伦威尔如出一辙。他将科西嘉式的雅各宾主义应用到了法国大陆。此后，巴士底狱陷落；三级会议变为制宪议会；国王路易十六被剥夺了行政权，实际上成了一名囚犯，1791年仲夏，他逃往国外的企图以灾难告终。结果，军队将领们被要求宣誓效忠议会，但他们中很多人是保皇党，故而拒绝了这一要求。7月4日拿破仑接受宣誓的要求，他认为路易十六应该被流放，而不是被关押或者砍头，年轻的路易十七应该成为摄政王。不管怎样，他实际上把赌注下在了共和党人身上。对拿破仑来说，波旁王朝覆灭的趋势越来越明显了，国王明显是被下过诅咒的傀儡。1792年4月20日，温和的吉伦特派部长逼迫路易十六向奥地利宣战，5月15日又强迫他向撒丁岛宣战。很快，革命口号变成了"向所有国王开战，予所有人民和平"。拿破仑很现实，他知道这个口号很空洞，但他可以听从号召。职业军人从不会把宣战看成是十足的恶魔，而且欧洲全面战争的前景看上去又很吸引人。打仗意味着晋升，意味着更大的指挥权。1792 年 8 月 30 日，拿破仑被提升为上尉，不过一直没拿到工资。欧洲平民进入了一个黑暗时期，但战士们的好日子来了。

1793 年 2 月至 3 月，法国向英国、荷兰、西班牙宣战。内战在布列塔尼和旺代打响。在南方，保皇党试图占领马赛，又成功夺取了土伦海军港。8 月 29 日，在皇家海军的保护下，英军和西班牙的军队加入了他们的行列。拿破仑写了一本号召国家团结的小册子，叫作《博凯尔的晚餐》，这本小册子发表之后引来了关注。他还在瓦朗斯参加了炮兵的重组和训练工作。巴黎的战争掮客们似乎灵光一闪，决定将他派往土伦。9 月 16 日，拿破仑刚到达那里，立即重组了围攻部队的炮兵。在几个星期里，他的果断、专业、足智多谋使他成为真正的军事行动指挥官，虽然他的级别比其他将领要低很多，也比他们年轻很多。这次行动中涌现出很多在未来战功卓著的将军：马尔蒙、絮歇、朱诺、德赛、维克托等，但却是拿破仑计划并领导了 12 月 16 日的突击。迪泰伊将军因此把他推荐到了巴黎："我难以列举拿破仑的品质：有学问、聪明，以及非凡的勇气。"他补充说："部长们，你们应该将他献给光荣的共和国。"交战双方都注意到了在突袭土伦时这名一往无前的年轻人。伟大的英国历史学家 G. M. 特里维廉回忆道："我在翻阅 1793 年英国报纸时看到如下的消息：'波奥拿巴中尉最近在土伦战役之前的一次战斗中被杀。'"他补充："在此之后我获悉的每件事，都让我为那篇虚假的报道而感到遗憾。"拿破仑不仅活了下来，而且立即跳过少校和上校，直接晋升为准将旅长。

土伦之战点燃了拿破仑的事业之火。他现在闻名遐迩，也更加身处险境。大革命吞噬着它的孩子们，甚至伟大的乔治·丹东也难逃其中。他的名言——"勇敢，再勇敢，一直勇敢！"——也许正是拿破仑的座右铭。在恐怖时期，他坚持待在法国，重组炮兵，为入侵意大利做准备。恐怖时期的领导者马克西米连·罗伯斯庇尔有个小兄弟，名叫奥古斯丁·德·罗伯斯庇尔。作为军事委员，罗伯斯庇尔称赞拿破仑具备"卓越的品质"，使拿破仑登上了新的台阶。但马克西米连于 1794 年 7 月 27 日大权旁落，迅速上了断头台。当时拿破仑正带领部队驻守在尼斯，他立刻被认定是罗伯斯庇尔的亲信，旋即入狱。这一事件中，很多人被处决，拿破仑却幸存了下来，这确实要感谢命运的安排。那时，法国已经厌恶了屠杀，然后在9月，他被悄悄释放了。

然而，对他的怀疑依然存在，他也没能恢复他原来的职位——指挥对战意大利的炮兵。但他还是留在了军队中继续效力。此时，拿破仑已经比军队中任何军官（军队中许多这方面的专家被认定为保皇党，或者被打死，或者被流放，或者在外国军队里效力）都更为了解大炮，至少在理论上。拿破仑曾读过一本吉贝尔伯爵和皮埃尔–约瑟夫·德·布塞合写的军事教科书，书中认为，成功调动部队的关键，在于用最大火力集中攻击敌军战线的一处，通常是最薄弱的那一点。拿破仑的导师迪泰伊在《新炮兵应用》一书中重申了这项准则，并把它应用到了此时军队中配备的火力更强、灵活性更好的枪炮上。这是格里博瓦尔伯爵的贡献，他曾在旧制度时期负责制造枪炮，并引进了标准化的大炮设计方案。共和国继承了这一炮兵装备标准，共有四磅、八磅、十二磅野战炮，以及六英寸榴弹炮（更重的武器被称为攻城炮）。这些武器比以前的轻了许多，可以快速调配并更快地投入战斗。

拿破仑的贡献就是利用基本的装备（他后来用六磅野战炮代替了四磅野战炮，并且增加了十二磅野战炮的比例），通过严格的训练，提高了部队的战斗力。在格里博瓦尔的系统中，每个标准的团由二十个连组成，有自己的训练站和操练场所。拿破仑的目标是保证所有的射击军官以及普通士兵，都能明白瞄准的数学原理并能看懂地图。理论上，榴弹炮可以隐蔽起来开火，每分钟打十二轮炮。拿破仑觉得这是在浪费弹药。但他也坚信，每分钟可以至少打出三轮瞄准射击。当然，他的火力集中战术也提高了每门炮的射击速度。大炮不仅仅是拿破仑的手艺，它们也蕴含了火力集中这个他一贯的核心思想。在他看来，火力的目的，不仅是要打垮敌人，通常更是要制造恐惧感，可以不战而屈人之兵。一定要让敌人怕你，因为一旦恐惧开始蔓延，战斗就赢了一半。他认为，触发恐惧感的最好方式，就是通过枪炮射击引起混乱。但枪炮必须百发百中，拿破仑知道，军人都是像他一样的宿命论者，尤其在面对枪炮的时候。他们相信如果代表自己的"数字"没有出现在弹壳或弹丸上，就不用惧怕任何事情；如果炮弹落在一定距离之外，没伤到人，就会更让他们坚信自己的昭昭天命。这是拿破仑的军事心理学，在他取得的胜利中，炮击所扮演的角色，怎么强调也不为过。

当拿破仑被释放的时候，他还在想着把他的炮兵战术应用到意大利前线的战斗中。夏天，在巴黎的罗伯斯庇尔动乱期间，这次战斗停止了，奥地利人向热那亚海岸挺进，皇家海军在海上协助他们。巴黎下达的命令是要坚持防御，这与拿破仑的直觉背道而驰。被释放之后，他立即劝说军队的指挥官——年长而谨慎的皮埃尔·杜梅比翁将军，准备在1794年9月17日发起一次先发制人的攻击。这次攻击诞生了拿破仑的另外一条军事作战原则——通过在奥地利和萨沃伊军队中穿插——将对手分开，然后逐一击破。9月21日，拿破仑依计行事，奥地利人在萨沃纳河的代戈遭遇突袭，落荒而逃，丢下四十二件枪炮。这是拿破仑第一次指挥作战。条件允许时，他最爱使用各个击破战术。根据直觉，拿破仑认为应快速进入意大利平原来巩固战果。但杜梅比翁一心想着见好就收，9月24日，他拒绝了拿破仑的建议，把军队撤回到防御线附近。两个月后他退休了，走之前，他把这次战斗胜利的荣誉给了这位年轻的炮兵司令官。

拿破仑坚持直奔权力中心的原则，着实等到了一个改换门庭的机会，便直奔巴黎。他想以军事顾问的身份引起政客们的注意，然后赢得最高长官的青睐。但第一番努力以失败告终。而后，也就是在 1794 年至 1795 年的冬天，他想到了去土耳其，却最终迂回地达成了目标。国民议会想要引入新的共和制度，这个制度需要公民投票决定。但是参会者希望保住他们的职位和薪水，因此附加了一个法令来确保在新的立法大会中会有三分之二的席位留给原来的国民议会成员。这种做法遭到了抵制，政府委托保罗·巴拉斯子爵（1755—1829）全权维持秩序。

巴拉斯是一名寡廉鲜耻的前保皇党军官，曾在土伦支持雅各宾派，后来倒戈。他的做派让拿破仑领略到残忍的报复是多么有效，以及如何将革命的"正义"的降临转化为升官发财的机会。1794 年，巴拉斯又一次转变立场，帮助控制动乱时期局势，屠杀那些制造动乱的人。督政府取代了罗伯斯庇尔的军政府，巴拉斯成了督政府里最有权势的成员。他富可敌国，历经了前朝的更迭，在接下来的二十年里的所有变革中安然无事，并怀揣着财富死在复辟时期。他也十分擅长追求女性。18 世纪

90 年代早期的时候，他的情妇中有一位年轻貌美的克里奥尔寡妇玛利·罗丝·约瑟芬·塔契·德·拉·帕热利（1763—1814），她出生在西印度群岛，比拿破仑年长六岁，是一位贵族后裔（出身和家里贵族纹章的数量都可以证明），却家道中落。这类落魄贵族只能倚仗自身的才智和魅力才能出头，而她两者兼具。她十六岁嫁给了条件比她好的贵族亚历山大·德·博阿尔内，他支持革命者，后又成为其中一名将领。他们育有两个孩子，其中之一欧仁·德·博阿尔内后来成了拿破仑政权中举足轻重的人物。但在 1793 年，老博阿尔内在美因茨发展得很不顺利，被指控叛国，上了断头台。他的妻子也身陷囹圄，差一点走向同样的命运。大家请记住：那个年代，几乎所有的法国领军人物都曾在某个时间遭受过一次或多次暴力或死亡的威胁，都目睹了朋友、家人、敌人或者同事走向绞刑架，也因此对流血越来越冷漠。没有了丈夫，约瑟芬在巴黎的社交圈里开始结交众多政客，他们之间的风流韵事，照亮了昏暗又恐怖的时期，最后她攀上了掌握权力的巴拉斯。

不过，直到 1794 年，巴拉斯都在追逐更年轻的猎物。但他希望维持与约瑟芬的友情，因此想出了一个计策，把她丢给了拿破仑这个他认为前途无量的下属。很多文献史料都多次提及拿破仑与约瑟芬的关系，但是他们之间真正的关系并不清晰，也值得商榷。较为明确的是，至少在一开始，拿破仑表现得更为热情。有着出众品位的约瑟芬被这个又矮又瘦、面色泛黄的年轻军官吓到了。油嘴滑舌的巴拉斯把拿破仑吹上了天，这其中的缘由，约瑟芬不难猜到。这个人前途光明，但在当下不能给她带来明显的好处。我们无从知晓巴拉斯给她施加了多大的压力，让她最终接受了拿破仑的追求。更可能的是她慢慢接受了他。这个年轻人的热烈追求以及破釜沉舟般的决心温暖了她，促使两人走到一起。她是一个风姿绰约的情场老手，他从没见过这种类型，我认为这是拿破仑迷上她的主要原因，而她一旦有了兴趣，就会热情回应。

在他们准备结婚的时候，拿破仑的职位又一次发生了变化。由于国民议会自我延续的计划令人丧失信心，反对的声浪在1795年的夏天和初秋高涨起来。巴黎的一些地方几乎全是中世纪时的模样，街道狭窄，到处堆着垃圾，建筑物里空间拥挤，数以千计的穷人在里面蜗居和哀叹。他们可以在短时间内变成暴民大军，威慑住缺乏果敢指挥官的军队。但是当时至少有三拨暴民：几乎绝望的雅各宾派、察觉到剧变的保皇党，以及所谓的温和派。10 月初，三拨民众联合起来，扬言要打倒国民议会。巴拉斯不相信内政部部队指挥官的忠诚。他把副手的职位和对巴黎常规军的控制权交给拿破仑。

1795 年 10 月 5 日（在不久后即被弃用的新共和国日历上是葡月十三日），约三万名反抗者涌上巴黎街头，许多人是全副武装的国民警卫队队员，这支大革命时期的部队此时已遭废弃。拿破仑决定使用炮兵，以践行他的恐吓原则。他谨慎地选择场地，并诱使暴民移动到他们设定的行动总部——杜伊勒里宫和圣罗什教堂附近的空地，这样就可以用火力将其清除。射击方式也要慎重选择。炮弹或子弹是对待常规部队最有效的方式。拿破仑偏爱把火枪弹药装在罐中，也就是霰弹筒（canister）或者霰弹（caseshot），又或者把弹药放在帆布包里，也就是葡萄弹（grapeshot）。葡萄弹的优势在于它可以散布到一个很大的区域中，引起大规模流血和伤残，但前提是必须要在距离目标很近的地方开火。它很难致命，所以它既能有效地控制激动的人群，也不会让对手有机会炮制"大屠杀"的谣言。它的目的是恐吓和驱散人群。拿破仑冒了很大的风险，将枪支调到近距离射程，并像他表述的那样，给了暴民"一阵葡萄弹"。当然，比"一阵"要多：许多人直接死亡，或因受伤而死亡。这种做法立刻终结了行动，也结束了革命：暴动让位给恐怖统治下有秩序的新时代。圣罗什教堂正面留下的弹痕，记录着这一决定性时刻。拿破仑既是大革命的工具，也是获益者。德·布罗意老将军曾在六年前就建议路易十六用葡萄弹镇压暴动。当时他的建议被忽视了，毁灭随之而来。"现在，"就像托马斯·卡莱尔在他的书里描述的，"葡萄弹时代来了，这个人的时代来了；看哪，你拥有它；而我们所称的法国大革命被它炸到空中，又变成了它原先的样子。"

继土伦和代戈战役之后，葡月之战是拿破仑第三场被广为宣扬的胜利。三场胜利都得益于炮火。他自己也从枪炮阶层打进了权力层。他现在是内政部军队的首席指挥官，但他还想成为意大利的最高指挥官。他认为这也是恺撒的选择。按官位来说，指挥前线的将军，已经位高权重了，但从胜利的战场上凯旋又在海外征战过的人，脚下将有臣服于己的国家，背后则是属于自己的军队。所以他想要征服意大利，并且他做到了。

经常有人认为，拿破仑通过与巴拉斯的友谊，以及愿意接盘巴拉斯遗弃的情妇约瑟芬，才获得了对意大利的指挥权。但更可能的是他从来都是最合适的人选，从1793年8月就开始负责法国作战计划的拉扎尔·卡诺（1753—1823），曾大力支持拿破仑的对意大利的作战计划，认为他是能够彻底贯彻执行的那个人。卡诺是勃艮第共和派，1791年成为国民议会议员，又因为领导民众造反而崭露头角，而民众造反正是对欧洲众君主国入侵法国的回应。作为公共安全委员会战争部的主管，卡诺不仅重组了革命军，创建了十三支作战部队，而且重建了生产武器的工厂，调整了融资方式。可以说，他从人才的角度生产了"原材料"，拿破仑则用它打造了欧洲最大、最成功的战争机器。此外，他还做了很多事。用克劳德·夏普1792年的发明，在巴黎和里尔之间安装信号系统，在首都和法国前线（或比前线更远的地方）建立了全国通信系统，天气晴朗的情况下，战事信息能够以每小时一百五十英里的速度传递。这与拿破仑提高法国军队移动速度的策略不谋而合。让拿破仑高兴的是，他还整合了军队的地图绘制资源，将中央指挥权集中在一个他称为"地形局"的地方，也就是历史上的第一个参谋部。

1796 年早些时候，拿破仑将入侵意大利的计划修正稿呈递给卡诺。督政府予以批准，拿破仑迅速被任命为指挥官。婚后两天，他就奔赴意大利。事实上，他已经终结了革命本身，而他新的任务，则成了历史上的另一个转折点：共和国从防御状态转变为大规模进攻，变成了一支以扩张为目的的军队，它要卷起欧洲的旧地图，以它的意识形态为标准，重新绘制它。

毫无疑问，没有拿破仑，这个计划就不能成功执行。同样可以肯定的是，如果没有大革命的经验和教训，拿破仑就不会无情地漠视生命、自然和人为法则，以及世俗和道德。大革命是邪恶力量取代理想主义给人们上的一堂课，拿破仑就是其完美的学生。而且，大革命在它身后留下了一个巨大的社会引擎：用行政和法律的机器来镇压个人——以往旧制度的君主们从没想到过；用一个中央权力来组织全国的资源——此前的国家从来没有过这样的权力；权力绝对集中——首先集中在议会，而后在一个委员会，最后集中到此前从来没听过的专制者的手中。还有一个普遍的教训就是，这种权力的集中，是由公民投票表决的，体现了统一民族的总体意志。当时，革命实际上已经使现代集权主义国家初具雏形，这个怪胎将在一百多年后逐渐成熟并结出可怕的果实。如同赫伯特·巴特菲尔德教授所描述的，它变成了"现代战争的母亲……（预示着）一个时代，在这个时代，一些民族不了解其他民族，互相憎恨，彼此不理解，不舒服地彼此相邻，带着歇斯底里和愤怒，注视着对方的罪恶。它预示了世界末日的善恶大决战以及不同民族之间公平和权利的巨大冲突，每个民族都认为自己代表正义。所以新型的战争——古老宗教冲突的现代版——诞生了。"

在这次可怕的转型中，拿破仑是魔王，是地狱的掌握者，他由大自然生成，并得到自己的雄心和经历的淬炼，最大程度利用了大革命以及其给予他的权力。他感知迟钝，缺乏同情心，也没有会惹麻烦的想象力。（他说）自从九岁时听到一个传教士说他心目中的英雄恺撒在地狱中燃烧以后，他就再也不信教了。他从不为任何事情感到愧疚；他有坚强的意志，没有什么事能限制住他；他能力超群，拥有比肩神明的力量。因此，乔治·梅瑞狄斯说，他是"最大的引擎，拥有自控力的人。"

1796 年，拿破仑带兵入侵意大利，这是他第一次领导战略性军事行动，这次军事胜利对法国人民来说，将是一次充满想象的、标志性的成功。15 世纪末法国对意大利的入侵结束了欧洲的中世纪，这是法国人集体记忆里的一个标志性历史事件。拿破仑再次入侵意大利的努力，立即唤起了人们的回忆。当然，对于一个入了法国籍的科西嘉意大利裔来说，这更为顺理成章：征服他祖先所属的国家，把它变为他的新祖国的附庸国。但他手段有限。接手部队的时候，他发现号称的四万三千名军人实际上只有三万多人，而且只有六十门炮，军饷也没发。他的第一个公告（1796 年 3 月 28 日）为他与部队的关系定下了基调："士兵们，你们缺少武器，吃得不好，但富裕的省份和伟大的城镇将很快在你们的掌握之中，在那里你们将得到尊敬、荣耀和财富。意大利士兵们！你们有勇气和毅力（去获取这些东西）吗？"从一开始，拿破仑就与士兵们有一个不成文的约定：他们让他取得胜利，而他会确保他们获得大肆洗劫的机会，甚至允许他们将战利品直接寄回家。这样做很聪明，因为这样会让士兵们学会储蓄，而不是沉湎于酒色中、挥霍战利品。毋庸置疑，军官们，尤其是各师的指挥官们，都在战争中有所斩获。而拿破仑是最大的获益者，不仅是金钱，他还把在战败国掠夺的战利品（金块、铸币以及艺术品）转运到巴黎，以赢得当局的支持。意大利北部是联手抢劫的理想战场。萨瓦王室和哈布斯堡都不受欢迎，小的独立国家虽然陈腐破旧，却有数千个教堂、女修道会、男修道院和小教堂，以及价值不菲的画作和金银圣物，静候法军劫掠。拿破仑小心翼翼地不让战斗波及教堂，就像早先共和军队做的那样。他阻止手下屠杀神职人员，因为他觉得这些人是控制社会的重要力量。但他毫不犹豫地"解放"了教堂财产，"为了安全地保管"，将它们装进自己的补给车厢。

拿破仑的司令路易·贝尔蒂埃（1753—1815）为人忠诚，办事高效，他主要担任参谋长——以"皇帝的妻子"的外号出名—— 一直到1814年拿破仑退位。二人结成军事思想共生体，贝尔蒂埃将拿破仑的战略计划落实到人员和物资，下达清晰的书面命令，让它们得到很好的贯彻执行。拿破仑用土地和官位回报他的辅助；贝尔蒂埃不在的时候，拿破仑的计划就很难得到高效执行。拿破仑手下还有三位好师长，其中包括安德烈·马塞纳（1758—1817），他曾经是船员、军士长、走私贩，虽然他强取豪夺的本性不可救药（还接受贿赂），甚至让拿破仑都感到难堪，但他后来成了拿破仑最可靠的下属。

拿破仑手中的资源有限，所以他入侵意大利是一次大胆的冒险，他一次次大胆地渡河，迅速地出击，突袭皮埃蒙特人和奥地利人。他在蒙特诺特、代戈（又一次）、蒙多维、科多尼奥赢得了小规模的胜利；5月，在洛迪，他组织了一次引起轰动的行动，三千五百名法国手榴弹兵向波河上的桥梁发起进攻，抵抗住了一万名敌军，直到马塞纳的援军到达。这次战斗让法国民众感到振奋，和5月13日军队攻入米兰那次一样，民众激动万分地迎接部队到来，司汤达在《红与黑》开篇便描述了这一幕。占领伦巴第的战斗主要围绕着河畔与桥头堡展开。奥地利军队更为强大，作战英勇顽强，但拿破仑还是凭着快速出击、突击战法和巧妙的战术击败了他们。11月15日至17日，他在阿尔科拉渡过阿波那河，以一场著名的胜利为前面的战事做了个小结。这是一场拿破仑风格的战斗。部队快速出击，风险系数高，在面对奥地利军队这种步步为营的对手时，很有可能招致灾难。拿破仑想利用他的军事天分、足智多谋、贝尔蒂埃那里取之不尽的资源，以及骁勇善战的士兵摆脱这些危险。为期三天的阿尔科拉战役是以巧妙策略挽救一场军事冒险的经典案例。拿破仑耍了一出诡计：他安排一个排的侦察兵到敌军背后鼓噪喧哗，使奥地利军队认为自己被包围了。奥地利军队慌忙撤退，因此战败。而阿尔科拉战役，像洛迪之战一样，在报刊上被宣扬为一次鼓舞人心的胜利，这也让拿破仑的声名大噪，进而成为共和国最成功的将军。1797 年 1 月 14 日，他赢得了里沃利战役的决定性胜利，奥军在曼图亚的最后一个要塞投降。事实上，哈布斯堡现在从意大利撤军了，拿破仑在那里可以为所欲为。

也是在这个时候，拿破仑不再只是一名将军了，而变成了事实上的帝国总督，只差一个名分。在率领军队向意大利进发的时候，他试图争夺权力的努力，遭遇重重阻碍。但当他于 1796 年至 1797 年将更多的金银运往法国财政部时，巴黎放松了对他的制约，他可以独立制定政策了。他鼓励营造"爱国"气氛，在主要城镇建立共和委员会，然后回应他们要在"法国保护"下取得独立的请求，这一策略为"二战"后斯大林主义者在东欧的所作所为提供了借鉴。因此，博洛尼亚和费拉拉的委员会将教皇拒之门外，雷焦和摩德纳则将当地公爵请出了管理层。这四个地方在拿破仑的鼓动下向米兰送去了代表，在会议上宣布成立奇斯帕达纳共和国（Cispadane Republic，1796 年 10 月 16 日，其实这是一个法国的傀儡国）。伦巴第城镇建立了一个类似的实体，叫作坦斯帕达纳共和国（Transpadane Republic，6月6日），拿破仑在1797年7月15日将这两个国家匆匆组建成奇萨尔皮尼共和国（Cisalpine Republic）。同时，他利用法国人在热那亚组织的一次暴动，推翻了那里古老的寡头统治，建立起利古里亚共和国（Ligurian Republic）。他在威尼斯又故伎重施。他首次在蒙特贝罗总督城堡里监督这两个新国家的成立，这座豪华宫殿还将见证拿破仑更多的成就。他与奥地利进行了谈判，随后签订了《坎波福尔米奥条约》（Treaty of Campo Formio，1797年10月17日）。在条约中，哈布斯堡王朝承认这两个新的法国保护国，把奥属荷兰和爱奥尼亚岛移交给法国，并（秘密地）许诺同意法国将边境扩展到莱茵河边。

对于法国来说，这是一场巨大的胜利，法国民众和拿破仑自己都为之兴奋。他时年二十八岁，是共和国最强大的军事统帅，是欧洲地图上一门装满火药的加农炮，危险且不受控制。政客们不愿看到他留在巴黎，给他派了许多新的任务，让他远离首都——当然，这也有风险，他可能会赢得更多令人瞩目的胜利。政客们的第一个想法就是让他去入侵并征服英格兰。他们认为，凭借现有可支配的军事和运输资源，他应该很难取得胜利。拿破仑也认为这是一张通向坟墓的通行证。他随即提出并实行了一项计划，它不仅能让他远离事件中心（满足督政官们的心愿），也强烈地迎合了法国人的想象，那就是征服东方。

法国人对埃及的兴趣不断地高涨。从 18 世纪 70 年代开始，就有了后来的"埃及风情"的迹象。拿破仑的目标，就如同他向督政官们建议的那样，是去为法国找到一个有自由的劳动力、种植糖类作物的殖民地，来代替西印度群岛；挖掘一条苏伊士运河；与反对英国统治的印度马拉塔人和蒂普苏丹联合起来，帮助他们推翻英国的统治。埃及在名义上是土耳其帝国的一部分，拿破仑对幅员辽阔的土耳其帝国也有个模糊的计划。但他还有一个更深层的愿景：以现代版的亚历山大大帝自许，获得那些大到难以想象的富饶的省份。他曾说："欧洲对我来说太小了……我要去东方。"他算过，他拥有三万法军士兵，还可以在埃及征到另外三万雇佣兵，再加上五万头骆驼和一百五十门大炮，他可以在四个月内到达印度河流域。连最后一轮会用到的军火弹药和水罐，他都算进去了。

督政官们批准了入侵埃及的计划，不过否决了进一步的军事行动，他们要求拿破仑必须自己筹款，自己带军远征。他听从他们的命令，将最信任的参谋长贝尔蒂埃送去梵蒂冈劫掠一通，以筹集作战经费。著名大盗纪尧姆·布律纳则来到伯尔尼，偷了整个瑞士的储备金。巴泰勒米·卡特林·儒贝尔强迫荷兰人吐了钱出来。于是一千万法郎就这么到手了，其中许多都是黄金。拿破仑将热那亚和威尼斯所有的远洋船收编进土伦舰队中。远征的吸引力让他能够从军队中选出一批佼佼者随他出征。为了向法国公众宣传此次远征，他还邀请了国立学院（Institut National，成立于1795年，取代旧有的皇家法兰西学院和铭文学院）的顶级专家随行。大约有一百六十名成员同意前往，其中有法国最优秀的工程师、化学家、数学家、历史学家、考古学家、矿物学家、地理学家、艺术家和制图员、语言学家和作家，加上记者、印刷商，甚至还有热气球飞行员。这是拿破仑第一次进行的大规模推广和宣传，他充分利用了这次机会。拿破仑不仅是一个拥有坚定征服信念的常胜将军，更是法国文化的化身，要将"文明使命"带到世界上第一个城市社会的所在地。

自始至终，远征埃及都充满了戏剧性，它为像雅克－路易·大卫和安东尼·让·格罗这样由拿破仑开始栽培的、技艺精巧的艺术家们提供了美妙的主题。拿破仑带着与生俱来的好运气从土伦逃出（1798年5月19日），一路上没有碰到控制着地中海的英国海军将军圣文森特伯爵和纳尔逊勋爵的舰队。6月12日，他威逼利诱，劝说马耳他骑士团放弃了他们的堡垒和海军基地，攫取他们的财富，洗劫了教堂和岛上的女修道会，将马耳他并入法国，并在一周之内建立了新的政府、法律、宗教规范和制度。拿破仑再一次避开纳尔逊，率领军队在亚历山大港附近登陆，并在7月2日占领了亚历山大港。在这一年中最热的季节，沙尘暴、苍蝇瘟疫肆虐，士兵们严重缺水，拿破仑仍然下令立即挥师南下，向开罗进军。7月21日，他把他几乎要哗变的部队部署在金字塔周围，找到一块西瓜地让士兵们解渴，并下达指令："四十个世纪的历史在蔑视你们！"然后让士兵与埃及马穆鲁克的凶猛骑兵对阵。对方毫无防备，结果法国火力将其击溃，并将他们与步兵分割开来，随后不久他们被拿破仑的骑兵打败。这场战斗中只有二十九个法国人阵亡，而埃及损失超过一万人，这场轻松取得的胜利被称为"金字塔战役"，振奋了远征军的士气。

7月24日，拿破仑到达开罗。他宣称自己羞辱了教皇、摧毁了马耳他骑士团，是穆斯林的保护者。他指派了一个贵族委员会，受一名法国人"指导"，任命自己为埃及的最高统治者，选出了二百个当地人组成参议院，并着手建立一套制度。他还组建了埃及学院，让学者和科学家们可以开始工作。

8月1日这一天，和平征服的景象被打破了，纳尔逊近乎摧毁了亚历山大港上的整个法国舰队。拿破仑和他的军队变得孤立无援，土耳其则趁机宣战。还有其他事困扰着拿破仑。他得到消息，确认约瑟芬与人有染，他尝试享受贝伊①献上的礼物作为报复：一个十一岁处女（不令人满意）和一个男孩（一样不满意）。他还与一个二十一岁的法国女孩柏林娜·弗里丝——他口中的"埃及艳后"——私通。他镇压了一次集市起义，两百五十名将士阵亡，两千阿拉伯人也因此丧生。鼠疫暴发，夺走了三千法国人的生命。即使这样，他还是决定采取他惯用的攻击策略先发制人，派了一万四千人入侵叙利亚，仅把四千五百人留在了开罗。他们占领了加沙，然后是雅法。在那里，他为了节省军火，让人用刀刺或水淹的

---

① 贝伊（bey），奥斯曼帝国时期对地方长官的称谓。

方式杀掉可能会造成麻烦的四千五百名囚徒。许多妇女和孩子在这场暴行中遭殃，这也许是拿破仑所有战争罪行中最让人发指的一次。在雅法时，军队中再次暴发了鼠疫，拿破仑——也许是为了抹去屠杀的记忆，或者更可能是为了宣传——慰问了患病的将士们。格罗画下了这温馨的场面，它后来变成了整个远征的视觉高潮。

面对强大的土耳其军队，拿破仑的小部队赢得了一些辉煌的胜利，但他没能拿下阿卡（Acre），土耳其人在英国将领西德尼·史密斯（他那些吹嘘自己的故事让他有了"长阿卡"[Long Acre]的绰号）的领导下，守住了阿卡。这是拿破仑第一次战败，他乱了方寸，决定带着只剩八千人的队伍回到埃及，却又在西奈沙漠遇到了可怕的沙尘暴。如果他足够聪明的话，就可以预料到这将是后来在俄国遭遇灾难的征兆。这个时候，回撤只是坚定了他舍弃余下的军队回返法国的决心。1799 年夏天，欧洲战场传来了噩耗。拿破仑以此为借口班师回朝，虽然他真的把这看作他"拯救"法国、进一步爬上权力的阶梯、掩饰远征埃及失败的一个机会。8 月 11 日，他把将军们召集起来发了一个小时的火，大骂督政官们的愚蠢和胆小。他必须得回去，阻止第二同盟入侵法国。这是他第一次准备长篇演说，而且奏效了：他们也认为他必须得走。一个星期之后，指挥木里翁和卡里尔护卫舰的冈托姆上将告诉他现在从海上回法国还算安全。他很快就离开了，留下让－巴普蒂斯·克莱贝尔处理剩下的烂摊子。克莱贝尔说："他留下一裤子烂屎让我们擦屁股，我想回到法国，将屎糊在他脸上。"

诡异的是，拿破仑的埃及远征现在被认为是一场文化胜利，而不是军事失败。确实，这次远征在那个"发现东方"的年代产生了重大影响，远征者中包括相当于现在的艺术爱好者、知识分子，甚至伪知识分子之类的人物。虽然备尝艰辛，这些文化专家们还是做出了卓越的贡献。在本职工作外，他们发掘了罗塞塔石碑（迅速被英国人夺走），商博良（在英国人史密斯的帮助下）从石碑上篆刻的三种语言的铭文中解读出了象形文字，在此前的两千年中，它一直是个谜。文化专家中最有胆识的是雕塑家维旺·德农（1747—1825），他曾是贵族和外交官，在那不勒斯为当时的英国领事威廉·汉密尔顿和他那美貌又臭名昭著的妻子艾玛画过像，他憎恶英国人。画家戴维把他带入行，他在埃及最终走出了自己的路。他沉醉于古埃及的艺术和建筑，与路易·德赛将军沿尼罗河溯流而上。路易·德赛将军打赢了三场漂亮仗，此间德农画下并随后雕刻出一些闻名遐迩的神庙。他画了一百五十幅素描，以之为素材创作了两部书稿：一部是《埃及南部与北部的旅行》，这部书第一次对古埃及文化进行了严肃的描绘，一经推出，便很快脱销。另一部是二十四卷、壮丽宏大的插图本《埃及描述》，自西班牙16世纪用五种古老文字印刷出经典之作《康普路屯多语圣经》之后，这也许是最值得关注的出版物。它无疑是拿破仑时期最重要的单部作品（尽管总被拿来与塞夫尔的埃及餐具做对比，后者现藏于伦敦的阿普斯利邸宅）。1809年，这部多卷本插图书得到拿破仑的大力支持，至1828年出齐。德农在巴黎发起了埃及复兴运动，并将拿破仑塑造成文化上的革新王子，使他的形象转变为一个近乎文艺复兴式的人物。拿破仑不仅在法国广受欢迎，同样也风靡整个欧洲。简而言之，德农是一个天才的宣传家，拿破仑让他担任卢浮宫（很快更名为拿破仑博物馆）和全法国的国家博物馆总管，为了充实这些博物馆，德农得到官方许可，掠夺全欧洲皇室和教会的艺术藏品。

如是这般，拿破仑顶了一个文化使者的新头衔回到法国。命运再次眷顾他，他又一次躲过了纳尔逊，迅速从南部海岸回到巴黎。一路上如此之顺利，甚至在督政官们得知他回法国（1799年10月16日）之前，他就到达了巴黎。人们的热情欢迎，让他再次确认了自己对法国人、尤其是巴黎人的观点：大革命塑造了他们善变而轻佻、不能长时间集中注意力的性格，一件让人兴奋的小事就可以让他们从巨大的不幸中解脱出来。他发现他的失败已被遗忘，成功得到铭记，而且现在他被大多数人认为是能够将法国从一群愚蠢的督政官手中解救出来的人。

督政官们的愚蠢更多表现在经济而非军事上，将军们——主要是米歇尔·内伊、安德烈·马塞纳和纪尧姆·布律纳——甚至在拿破仑回法国之前就稳定了法国边境的局势，但是通货膨胀不可控制地一路飙升。督政府的纸币，原先五十法郎能换一个金法郎，现在则要十万法郎才行。由此引起的困境，加上新的兵役法，使得五名督政官，尤其是最有权力的巴拉斯，成为众矢之的。当时食物严重短缺，到处有人指控贪污。督政官们中曾经的革命者，将丹东和罗伯斯庇尔拉下马的推手约瑟夫·锡哀士神父（1748—1836），决定背叛他的同僚们，以赢得民心。他联合制定外交政策的塔列朗（1754—1848）和警卫部的约瑟夫·富歇（1759—1820），三个人一起把拿破仑选为最有可能的"剑",用于指挥两股力量中较强的那一方。即使是以革命政变的下流标准来衡量,雾月十八日的政变(1799年11月9日)也是低俗的,因为每个参与其中的人,都准备好了要背叛其他所有人,他们中没有一个人坚守承诺。如果拿破仑变成了一个背叛别人、谎言连篇的统治者,必须要记住的是,他就生存在这样一个政治环境中,在这里诺言毫无意义,荣誉尸骨未寒,谋杀司空见惯。政变之前一道命令任命拿破仑为巴黎地区所有部队、包括督政官警卫们的司令官。此后,督政官,包括拿破仑的导师和提拔人巴拉斯,以及五百位长老(组成的橡皮图章参议院)、副官和伪民主政府里的各色人等,都成了俎上之肉。值得一提的唯一场景是,拿破仑身着全套制服,由两名掷弹兵跟随(其他随从被留在外面),出现在当时的圣克卢五百人参议院里。议员们以"歹徒!"和"杀了他!"问候他,掷弹兵被打倒在地,拿破仑"抖得像只老鼠"——这是他整个职业生涯中唯一一次挨打。这时候,军队冲了进来,带走了满脸是血的拿破仑。他充分利用了这次突发事件,指控"议会里有人拿刀,他们被英格兰人收买了",所有的立法委员随即遭到逮捕,拿破仑也适时地命令拟定新宪法。

新宪法在公民投票之后于 1799 年 12 月 13 日颁布，随即解散了督政府和它的附属机构，并仿照古罗马设立执政官。第一执政是拿破仑，余下就是锡哀士和一批不重要的人。许多机构得到了象征性的保留，比如最高行政法院、法庭、立法团、参议院，实质上只是一个人的军事独裁。选民规模比旧制度下产生的第三等级或者下议院的规模要小，对管理者的限制也要弱很多——实际上不存在任何约束。决策权被集中到第一执政个人身上，这一局面从路易十四宣称"朕即国家"后就再也没出现过。事实上，新的第一执政比路易十四权力大很多，因为他在一个已经被组建成为军事化国家的国度，直接掌控着一支军队。所有对神圣王权的限制——教堂、贵族及其资源、宫廷、城镇及其宪章、大学及其特权、行会及其豁免权——这些古老的律法都被大革命一扫而光，给法国留下一片法律空白，以供拿破仑在上面刻印下他那不可抗拒的个性力量。这次政变后，拿破仑轻易地获得终身执政权（1802 年 8 月 4 日），不久后成为皇帝（1804 年 5 月 18 日）。

但是首先，他得通过军事胜利来证明个人的强大力量。大革命和动荡年代过去后，精英和人民将这个马背上的男人扶持到发号施令的位置，但现在，他们希望他去打败敌人。奥地利人趁他不在的时候，重新征服了北意大利，摧毁了他早先在那里取得的战果，毁掉了《坎波福尔米奥条约》。所以，意大利自然成为他的战场。在1800年的头几个月，他重新组织了一支五万人的军队，在5月的第三周，亲自带领部队穿越仍然冰雪交加的大圣伯纳德山口，拉开了战斗的序幕。戴维由此创作出了一幅拿破仑最好的画像：这位骑在马背上的人在冰雪中指挥着军队。事实上，他是骑着一头累人的驴子登上阿尔卑斯山的，驴子在冰上打滑时，他就咒骂鞭打它。虽然一路上丢失了许多辎重，他确实带领士兵安全通过了山口。他沾沾自喜道：“我们像是一道闪电落到了奥地利人身上！”

　　第二次意大利战役充满了风险，近乎一场灾难。在马伦戈的激战中（1800年6月14日），拿破仑只有两万四千兵力，大炮数量很少，而奥地利则人多势众，溃败几成定局。他的爱将德赛解救了他，帮助他在鏖战了十四个小时后，在奥地利的后方发动了一次突袭，使奥地利损失一万四千人。在胜利到来的一刻，德赛阵亡，他受到了拿破仑罕见的称赞。马伦戈之战被誉为拿破仑最耀眼的一次胜利，但实际上却是一场险胜。这次胜利并没有结束整场战争，战争从夏天一直打到秋天，直到另一支法国军队在霍恩林登（12月3日）摧毁了奥军主力，使维也纳再无防御。接着就是《吕内维尔条约》（1801年2月）的签订，奥地利被迫承认法国在荷兰、德国和意大利的诸多卫星国①，并允许法国将莱茵河作为它东北的国界。拿破仑抢了这次和约的所有功劳。之后，法国与英国签订《亚眠和约》。他被授予了终身执政的权力。

从大革命时期开始，拿破仑取得的成就就得益于他的政治才能，这项才能会让他在权力的道路上走得更远。他没有宗教信仰，厌恶神职人员，除了他那能派上用场的科西嘉叔叔费什主教。但他认识到，大部分法国人都是天主教徒，而且也信仰坚定。取缔或者捣毁法国教堂对他来说毫无意义。捣毁教堂，在信仰天主教的法国将会是民众起义的导火索和借口，尤其是在西南部、布列塔尼和阿尔萨斯－洛林。另外他认为，神职人员是极好的教师，至少在小学里，他们能教授小学生学习简单的道德规范以及尊重权威。此外，通过容忍教会，拿破仑为与被革命驱逐出境的旧地主和旧贵族和解铺平了道路，

① 卫星国，指国际关系中名义上完全享有主权，但其国内政治、军事和外交受强权（即宗主国）干预的国家。

这些人能进一步为他的政权提供合法性。1800 年，拿破仑看到了摆在他面前的、成为欧洲第一位统治者的无限前景。为了实现这一目标，他要尽可能将法国人团结起来，置于自己领导之下。

因此，在 1801 年到 1802 年间，他与教皇皮乌斯七世协商，推翻了 18 世纪 90 年代通过的大革命法律，缔结了一项新的协定，重新把天主教立为"法国大多数人的"宗教。从某些方面讲，这可以追溯到利奥十世与弗朗索瓦一世（1516）的早期协定，它让法国政府能够监督任命高级神职人员，并审查发给下级神职人员的津贴。这次的协定效力一直延续到 1905 年德雷福斯案件之后，并随着反对神职人员浪潮的高涨而废止，它可以被看作是拿破仑继法典之后影响最深远的贡献。这项协定还确立了法国与教皇之间的关系，让皮乌斯七世可以允准拿破仑接受皇冠，并主持加冕礼。

拿破仑真正的登基典礼显然即将到来。1803 年 11 月，所谓的皮什格鲁·卡杜达尔密谋事件遭到曝光，加快了拿破仑的称帝步伐。这一事件牵涉维克多·莫罗将军（反对派将领，曾指挥部队取得霍恩林登战役的胜利）、英国的间谍，以及乔治·卡杜达尔（布列塔尼朱安反叛的领导者），他们策划杀掉拿破仑，扶植新的执政官。密谋者被一一解决掉了，在这个过程中，拿破仑还让人把从德国绑架来的小皇族、年轻的昂吉安公爵依法处死。昂吉安很可能是清白的，且绝对是无害的，他的死能让更加危险的流亡者们心生畏惧。毫无疑问，在拿破仑的授意下，很多人开始建议他称帝，因为只有世袭继承制才能使政权有效存续，针对个人的暗杀也就失去意义了。5月4日，参议院提出并通过了一项让拿破仑世袭"法国皇帝"的决议，称他为拿破仑一世。5月14日，新的宪法颁布；11月6日，全民公决以三百五十七万一千三百二十九票赞成、两千五百七十张票反对（拿破仑是第一个选举造假的独裁者）予以确认。依据法律，拿破仑可以任命他的继任者，必要时，养子也有资格。1804年12月2日，加冕仪式在巴黎圣母院举行。墙壁镀了金，刻有蜜蜂的图案。教皇出席了仪式，在寒冷的大教堂里等了四个小时，然后在仪式上被剥夺了权力，因为拿破仑自己从祭坛拿起了皇冠，戴到了他自己和约瑟芬的头上。这个举动到底是自发的，还是跟教皇早就商定好的，引起了一些争议。约瑟芬和拿破仑的姐妹们之间的争吵有损仪式的威严，后者本来就恨约瑟芬，当被告知要帮她提长裙时，就更加不满。约瑟芬戴上皇冠的时候热泪盈眶，又因为接下来的仪式中要一直戴着它而不停抱怨。事实上，皇冠加冕并没让拿破仑政权和流亡的保皇党达成和解，也没让欧洲各国心甘情愿臣服于拿破仑的统治，这和打胜仗带来的和平条约不一样。称帝让拿破仑失去了欧洲绝大多数自由主义者的支持。但它增强了他在军队中的权力，尤其是指挥官兵的权力。卫星国、王子领地、公爵的撤换，奖章、荣誉、星级的授予，协议和特权的创设，这些可任意授予和随意取消性质的权力，在拿破仑称帝以后即可随之而来。但是在这些光鲜和荣耀背后，只有最终的胜利能带给他安全感。

第三章　战场的王者

拿破仑首先是一名军人，是士兵、将领、部队的指挥官，是摧毁敌人的致命力量。他整个军旅生涯的作战目标，就是快速移动到指定区域，打对手一个猝不及防，摧毁他们的部队，占领他们的首都，按照他的意愿缔结和约。一有机会，他就会这样做。他的重大战略都绝对地一致，总体上效果很好。他的作战方略正如他的性格一般，大胆、有冲击力、积极进取、急于求成，缺点是没有耐心。威灵顿完全了解拿破仑的优缺点，他认为拿破仑缺乏打防御战的耐心，即便在1813年至1814年冬天他曾表现出了这样的耐心，实际上也是在寻找一个进攻的机会，以取得决定性的、侵略意味十足的胜利。

　　闪电战是拿破仑策略的关键。他利用速度来保证自己的部队和敌人的部队之间的最大差距，在敌人完成动员和部署之前就发动攻击，同时在战略和战术上保证出其不意。相较前人，他能在欧洲更快地调拨大量军队。首先，他能分析各种大小比例的地图，能够规划最快、最安全的作战路线。他有着过人的想象力，在研究地形时，能够用自己的方式对其进行视觉重建。其次，在优秀参谋人员的帮助下，他能将这些计划付诸命令实施，而且迅速而精准，令人震惊。再次，他向他所有的指挥官都灌输了速度至上和闪电作战的理念。普通士兵也因此学会了快速移动，认为长途行军是理所当然的，他们知道，一有可能，拿破仑就会让他们轮流搭乘货运车前进。（在百日政变时，他几乎没让军队步行，就到达了巴黎。）

拿破仑自己就是速度的标杆。他不仅鞭打自己的马，与他同行的副手的马也逃不过鞭打。他消耗的马匹数量前所未有，极为可观。因为他对速度的追求，成百上千的马在征途中因为过度劳累而死去，更换马匹也成了拿破仑补给上的最大问题。法国的新马质量在1805年至1815年这十年间连年恶化，这也是法国骑兵部队战绩下降的原因所在。

军队的移动速度还源自强大的动力。士兵看到了追随拿破仑能够获得的利益和未来，且级别越低，越能看到更多好处。这里有一个悖论——拿破仑自己根本不在乎士兵的生死。只要能够达到目标，他不在乎损失。1813年，在一场持续了一天的关于欧洲未来的辩论中，他告诉梅特涅，他很愿意牺牲一百万人，以确保自己至高无上的地位。更有甚者，当他将部队带入困境，或者战况不佳的时候，他总是选择放弃部队，让他们独自面对命运，自己则快马加鞭赶回巴黎，确保他的政治地位不受影响。这样的事情在与埃及、俄国、西班牙和德国的作战中都发生过。拿破仑对这些事情从不认账，甚至不承认部队的损失，他的部队平均每年有五万人阵亡。与此相比，威灵顿在伊比利亚半岛的六年作战中，包括逃兵在内，总共损失三万六千人，每年平均六千人。威灵顿对这个差异有过充满懊悔的反思：

> 我很难想象一支军队里会有比拿破仑更有本事的将领——尤其是在法国军队中。他有一个惊人的优势——他不用负责任——他能够做任何他喜欢的事情；他统率的部队，伤亡人数比其他部队都要多。而在我这里，每名士兵的死亡都要有意义，我没办法承担这么大的风险。我知道，如果我无端损失了五百人，就得在众议院门前下跪。

除开军旅生涯的初期，拿破仑一直都享有这种冒险的自由，他的对手中没有人可以随时放手一搏，他们总是被心怀嫉妒的反对者所包围，而且受权力层的约束。而拿破仑则充分利用了他的这一优势，完全契合他迅速进攻的一贯战略。这一招总是能够奏效，如果不行的话，拿破仑就践行古老的军队信条——"及时止损"，然后抽身离开。

士兵们喜欢这种高风险模式。在他们的考虑中，不管是跟随一个防御型的谨慎的指挥官，还是跟随一个攻击型的指挥官，都一样可能会战死，跟随前者还很难获得战利品以平衡这种风险。士兵们喜欢行动。高伤亡率意味着更快的晋升和更高的薪金。另外，拿破仑的军队与其他部队不同的地方在于，晋升由战绩决定。士兵很有可能晋升到高级军官行列，甚至可能成为将军。在拿破仑的管理下，一名能干的士兵可以转入卫队——军队的精英力量，他的报酬可以达到前线部队中尉军官的水平。吃得好，薪水高，还有战利品，这些对士兵来说都是诱惑。拿破仑还能和士兵们打成一片。拜伦的朋友霍布豪斯在百日政变期间看了拿破仑检阅部队的过程。他很震惊地看到拿破仑从队列里选出一名士兵，并捏了捏这个士兵的鼻子，这是表达友好的一种方式。他也打过一名爱将一个耳光，下手不轻，这也没有被认为不恰当。拿破仑知道如何在营地篝火旁与士兵谈话。他的公开讲话非常精短："战士们，我期待你们今天勇敢战斗。""战士们，勇敢，果断！""战士们，让我为你们感到骄傲！"拿破仑喜欢并且期待他的将士欢呼。这与威灵顿不同，威灵顿认为欢呼"会危险地接近于一种观念的表达"，因此他从不接触他的军官，更不用说士兵了；他讨厌按级别授勋，认为将士们会因此离不开喝酒。这两种方式都有各自的优势和劣势。

拿破仑成为第一执政之后，他把士兵们变成了一个特权阶层，在他称帝后更是变本加厉。威灵顿观察到，拿破仑在战场上出现的效果等同于四万名将士。他这并不是在形容拿破仑的统军能力，而是指他的个人威望。他在1836年写给斯坦厄普勋爵的备忘录中评论道：

> （拿破仑）是国家的最高统治者和军队的首脑。那个国家建立在军队的基础上，所有部门都为军队服务、为征服做准备。国家的所有重要官职和奖励都要先留给军队。军队里的任何军官，哪怕是士兵，都可以期待参军的回报是成为一个王国的君主。很明显，这样组建起军队的主政者，必将极大地激励士兵们。

威灵顿还说，法国的所有资源都用来支持了拿破仑指挥的特别行动，以尽可能地获得成功。他喜欢掌握实实在在的权力，不像其他领袖们的权力是由别人授予的。威灵顿还指出，这种直接的权力，其他领袖们从未行使过。拿破仑按照自己的意愿任命所有属下，无需咨询任何人（相反，威灵顿常常不得不接受骑兵卫队指派过来的将军，有时候他甚至不能选择自己的参谋）。威灵顿认为，拿破仑的最高统治权避免了军官之间的争吵，使得法国军队"行动团结一致。"

威灵顿也许还可以补充一点，那就是拿破仑控制了所有的国内媒体，包括一个见风使舵的报社。因此，针对某一军事事件，除开一些极端情况，他可以向法国公众和世界展示他的版本，以及个体和单位在其中所起到的作用。他不是第一个喜欢使用宣传媒介的国家元首和执政官，但绝对是第一个认识到其在战争中的重要性的人，从巨幅海报到已经出现的蒸汽印刷机印的报纸，他充分地利用了规模正在壮大的媒体。国家的通信系统使他总是可以最先把信息按照他的版本传递到巴黎，比如把远征埃及说成是巨大的文化成就，而不是一次航海和军事上的彻底失败。他还可以像我们这个时代的阿拉伯军事独裁者所做的那样——不通过国家政党，而是通过国民警卫队或者其他从大革命时期留下来的效忠于他的准军事机构，来操控民众。民众威胁皇家士兵、劝告他们不要继续效忠皇室的时代，拿破仑是经历过的。现在他把这个过程扭转了——由军队来决定政治风向，并决定追随军队的民众的命运。

在拿破仑时期（1800—1814）的法国，"国家"以某种方式排在了"军队"的后面，这在当时欧洲其他国家是不可能的。军队是国家的首要机构——在某种意义上它基本上就是整个国家的象征——而且士兵们明白这一点。这让他们感到骄傲，鼓舞了他们的士气。这是拿破仑在军事上取得成功的关键之一：他可以激发出这种士气，并倚仗它，利用它——直到士气在俄国和西班牙消耗殆尽。法国军队的地位在拿破仑时期达到顶峰，士兵们有着一种令人嫉妒的集体自豪感，他们知道自己是最好的。因此，除了最专业的部队，大家都惧怕它，有时候连最专业的部队也惧怕它。

确实，威慑力是拿破仑最有用的武器，他经常能让对手心生恐惧。在拿破仑的攻击战略里，他从一开始就占尽优势——威慑力像一支看不见的军队，在开战之前就软化了对手的防御。在拿破仑指挥的战斗中，除了极少数例外，他面对的基本是反法联军，如果让联军部队军完成集合部署，拿破仑就要面对他们整体的优势兵力。因此，他的战略是要迅速出击，在敌方集结起来之前将其分割，依次和其中一方对阵，在局部造成兵力优势，然后逐个击破。联军很少对兵力优势充满信心。即使他们信心满满，拿破仑那迅速调集增援部队的著名才能也能惊人地扭转局势。

有了这些初始优势，拿破仑指挥战斗往往很简单。他当然知道所有的经典妙计——包围、从背后攻击、埋伏——有机会的时候也会运用这些战术。他对地形有全面的掌握和判断。可能的情况下，他会主动选择作战地点。一旦军队在他选择的战场上部署好，他就会直接下令出击。他的战术都是为他的整体战略服务。这里面很有讲究。在19世纪早期的战事中，没有装备的士兵面对大炮和火枪时，要保持阵形，这样做的关键在于鼓舞士气。一旦士气低落，士兵们就会方寸大乱，然后四散逃跑。不管一支队伍如何训练有素，远距离的复杂行军总会让他们乱了阵脚。因此，计划越简单越有效，而最简单的计划就是"出击"！

此外，拿破仑的军队，其训练和组织都以出击为最终标的，其装备和阵形可以有效地做到这一点。有了贝尔蒂埃将军调配的人员和可靠的战场信号系统，就意味着出击时间会计算得更精准。出击没有固定的程序，但是通常包括以下操作：首先是密集的炮火掩护。拿破仑拥有大量的精良枪炮和好射手。骑兵炮手可以掩护队伍到达离敌军很近的地方，这样就可以直接开炮射击，从而使射速提高两倍。然后，如果对方骑兵试图压制他们，他们可以很快将部队带离。对方应对法军密集炮火的方法是，挖掘一道浅浅的战壕，这样就意味着部队要备有铁锹，而铁锹并非常备工具。另外一种方法，是威灵顿在早期半岛战役中偶然发现的，即让步兵趴下，尤其是在反向斜坡上（如果有的话）。这样做可以让伤亡人数几乎减到零，而且可以让步兵知道，他们根本不用害怕枪炮的袭击。但奥地利、普鲁士、俄国指挥官们由于害怕破坏阵形，所以从来没使用过这一招。在所有战斗中，拿破仑开场的密集炮火总是效果显著，不仅造成敌方的大量伤亡，而且让他们陷入恐慌中。

火力炮轰之后，骑兵就去侦察敌军战线的薄弱环节，并在适当的时候冲锋。威灵顿也承认拿破仑拥有当时欧洲最好的骑兵部队（他认为自己的骑兵部队勇猛但不好指挥，而且对自己人来说更危险）。骑兵有个很大的优势就是他们可以进行有限冲锋，也就是控制一片区域，然后重新组织队形，而不是逐个追击逃跑的士兵。法国骑兵的优势很大程度上要归功于一些优秀的指挥官，尤其是马塞纳和缪拉。法国骑兵部队骑乘装备原本相当不错，但是1808年之后马匹素质下降，导致骑兵部队荣光黯淡，战斗力减弱。

拿破仑当然不会蠢到认为单靠枪支和骑兵部队就可以成功抵御意志坚定的职业军人。要攻占并维持占领地的秩序，步兵必不可少。同样，步兵也经受过严苛训练，足令敌人胆寒。伴随着猛烈的鼓点和军号，高喊训练有素的战争口号，步兵们向前发起冲锋。拿破仑充分利用了军事噪声的震慑作用，还特别定做制服让步兵看上去更为高大，以震慑敌军。在老近卫军中尤其如此，虽说已经历过身高汰选，但他们高达两英尺的黑皮高帽更加令人望而生畏（老近卫军指至少从军五年的近卫军，青年近卫军是每年应征士兵中的佼佼者）。近卫军总数达到五万人，形成了一个单独的部队（比较像希特勒的党卫军）。他们被部署在兵团身后，以便随时支援战斗。他们的存在是对前线士兵的鼓舞，如果兵团打得好，他们根本不用参加战斗。因此，荒谬的一点是，精良的卫队，尤其是老近卫军这样最精良的部队，参与的战斗却比绝大多数部队都少，这一点与一直参与战斗的英国近卫军不同。这样可能会带来很严重的后果。在滑铁卢战役中，在最需要老近卫军的时候，他们辜负了拿破仑的期待。

拿破仑完成了三波进攻之后，会重新评估战术运用情况并采取相应的措施。他会在一处高地或建筑物屋顶上，有时候是在脚手架塔上，指挥战斗。这样做很危险，虽然拿破仑英勇无畏，但也不会让自己的随从承担不必要的风险。他会身穿近卫队骑兵的深绿色制服，有时候在外面套一件灰色的军用厚重长大衣，看起来不太显眼。他从不在战斗中佩戴勋章（纳尔逊总是佩戴闪亮的勋章，在特拉法尔加海战的甲板上，这些勋章引起了狙击手的注意，导致他被射杀）。威灵顿也有样学样，每天身穿深色套装，几乎与一般士兵毫无区别。拿破仑把帽子平坦的一面冲前戴，威灵顿则是把帽子的角端冲前。为什么呢？威灵顿常在礼貌示意或是回礼的时候，微微抬起帽子。拿破仑则很少对任何人这样做。

两个人都使用望远镜。拿破仑常常批评法国光学界无法造出更好的望远镜。而众所周知，当时的英国军官有更好的望远镜。当法国军官处理英军高级囚犯时，第一件事就是没收他的望远镜。

战场的硝烟让人的视域变得很有限，要在这样的情况下指挥一场大战很不容易。绝大多数拿破仑作战图都是由没有上过战场的艺术家在多年以后创作的，而他们又大大简化了当时的场景。但在阿斯佩恩，奥地利专业水彩画师能够在现场作画，画师待在一处高楼楼顶，在那里他可以观察到整个战场，其画作的真实感给人带来很大的困惑——难怪富有经验的将军们喜欢简单的计划，因为发出新命令并不容易，而且这些命令通常都需要勇敢可靠的副官来执行。参谋长贝尔蒂埃派出不止一名军官去执行相同的命令——如果距离远的话，他有时会派出十多名军官。这样的安排在军事行动中是一种奢侈，实际上，拿破仑能够调动无限的资源，因此总能享受到这种奢侈。不管怎样，战斗接近尾声的时候，副官都已经被派出去了。各种人得执行各种命令。在滑铁卢，威灵顿就发现了一个莫名其妙卷战斗的爱国的英国旅行者，于是便利用他充当使者。即便如此，指挥官还得常常在战场上奔走，亲自发号施令，这很可能导致指挥官被杀或被俘。

虽然拿破仑是个有极强事业心和进取心的战略家，但在很多方面，他是名保守的军人。当时他从中获益的绝大部分军事创新——总参谋部、新炮兵部队、信号灯等等——都是旧制度时期或者大革命时期的产物。共和国有大量军工厂和军械库，但拿破仑从来没有成立专门的部门去研究和利用科技为战争服务，尽管他常常公开赞许科学方法。实际上，法国有很多技术娴熟的工程师、化学家、物理学家和生物学家，都可以为战争服务。美国海事工程师和发明家罗伯特·富尔顿，建造过第一艘蒸汽动力船，是位激进的反英人士，但也仅从法国军队得到过少许支持，从拿破仑本人那里什么也没得到。于是，机会落到了其他国家那里。英国上校亨利·施拉普耐尔发明了榴霰弹，伍尔里奇的皇家兵器库开始搞火箭。

拿破仑欣赏多米尼克-让·拉雷这样的军事学家。拉雷把毕生精力都投入到军事医学中，并随拿破仑参加了几场最艰苦的战斗。他发明了救护飞行器，这是最早的能够将伤员从战场上迅速运走的工具。拉雷设计了一套系统，以确保尽可能多的伤员能够及时得到救治，救护飞行器就是其中的一部分。毫无疑问，它的出现挽救了无数人的生命。当时伤员的伤口常常容易感染，军队外科医生动不动就要切除伤兵的手臂或下肢，拉雷反对这种残忍的做法。他认为四肢一般都可以保住，而且在很多情况下证明了这一点。

让人好奇的是，虽然拿破仑对拉雷的技能和个性都赞赏有加，但他从来没有让拉雷担任军队医疗团队的一把手，而是把这个位置给了更年长、更保守的皮埃尔·弗朗索瓦·佩希。1801年以来，佩希曾是军队的首席外科医生，后来是大军团的首席外科医生，直到1812年退休。（大军团于1805年成立，因一次主要战役而作为独立作战体成立。）拉雷后来的职位曾高于佩希一段时间，但拿破仑从厄尔巴岛返回之后，重新任命了年迈的佩希。大部分作战行动中，拉雷只能担任近卫军的主任医师，近卫军喜欢他的医治方法。拿破仑本人只让他诊治过一次，他更喜欢亚历山大·伊万，后者在1796年至1814年为他服务。原因是伊万在截肢、做手术、看护和用药等方面，观念保守。比起腐烂和死亡，拿破仑更愿意失去一只胳膊或一条腿。这似乎也能解释为什么他对老派"刀锯匠"佩希格外青睐。从这一点上，我们可以对拿破仑的性格有更多的了解。不少人，或许是绝大多数人，总体上都是激进的，拿破仑也一样，但在他自认通晓的领域，他处理问题会尤其显得保守，受伤救治就是其中之一，此外还有大炮和弹药。他觉得在他年轻时所做的改良就已经足够了，虽然他也摆弄过些标准装备，但他从来没有对其进行彻底改变。浮桥、可移动金属搭桥材料、攻城榴弹炮，所有涉及海军技术的东西，包括驳船和运兵舰，他都不感兴趣。他也不怎么使用观测气球；虽然当时空军已经常被人谈起，但他也的确没有理会空中力量。虽然铁路刚刚开始出现，并将在接下来的几十年内改变世界，但他还是忽视了蒸汽动力。可能有人会说，军用铁路很契合拿破仑迅速转移部队的地缘策略，但是拿破仑只愿部分改善军用交通系统，军用道路大都还是路易十四时期留下来的。拿破仑引进了许多发明，尤其是十进制。然而，他从来不推行十进制，而是喜欢那个让他在少年时期大放异彩的旧系统。在圣赫勒拿岛，他还彻底放弃了十进制。他表面看上去是激进的，但内在却是顽固而保守的。

拿破仑应该会认同美国格言"如果没有坏，那就不要修理它"。他对继承下来的东西，都进行了改进和发展，但他并不愿意改变一个对他来说运转良好的军事机器，他有理由自鸣得意。他保持的胜利纪录，从未被打破。他是战争的胜利者和征服者。只有亚历山大大帝才能与拿破仑的战绩相媲美。现阶段，我们总结一下拿破仑所参与的战斗和战役、抵抗他的联盟以及他如何与之作战，可能会有帮助。

法国对奥属尼德兰的侵略导致了1792年至1797年第一次反法同盟的出现。法国政府对神圣罗马帝国皇帝在匈牙利的皇权宣战，还希望不会因此触发奥地利的防御条约。事实上，反法同盟很快就结成了，包括奥地利、普鲁士、英国（1793年加入）、那不勒斯、葡萄牙、西班牙、瑞典和其他一些小国。不过，同盟从来没有团结过，1795年，托斯卡纳、普鲁士、卢森堡、瑞典和西班牙脱离同盟，单独签订和平协定。拿破仑因为在意大利的胜利，在1797年以领导者的角色走上历史舞台，1797年4月17日，他逼迫奥地利人在莱奥本签署了初步条款，10月通过签署《坎波福尔米奥条约》确定下来。

英国赢得了海战胜利，又攫取了法国的海外资产，因此拒绝了法国人提出的条款，继续挣扎，尝试组织第二次反法同盟。此前英国已经对那不勒斯的同盟伙伴持续进行资助，1798年，英国在尼罗河战役中对拿破仑舰队的海战胜利进一步鼓励了同盟。那不勒斯第一个加入英国阵营，接着是意大利王国、奥地利（普鲁士还善意地保持着中立）、俄国以及因为反对法国占领伊奥尼亚群岛而加入的土耳其。但是，奥地利人输掉了意大利，拿破仑的后备军团穿过大圣伯纳德山口，从背后突袭，赢得了决定性的马伦戈战役。11月，虽然拿破仑为了巩固他的政治地位而在巴黎耽搁了一阵，但他还是在德国指挥了一场与奥地利的战斗，在霍恩林登取得的胜利（12月3日）迫使奥地利在1801年2月签署了《吕内维尔条约》。英国首相威廉·皮特——拿破仑最强大且坚持不懈的反对者，在当月辞职。至此，英国的盟国仅剩葡萄牙，同盟实际上已经瓦解了，而皮特的继任者亨利·阿丁顿于1801年10月在亚眠赢得了初步的和平[①]。这是1793年至1814年的英法战争中仅有的暂停期。

然而，暂停期也没有持续太久。英国和法国互相猜疑，拒绝遵守合约条款。两国都指责对方不遵守约定。1803年2月，拿破仑与英国大使、老派的绅士外交官惠特沃思勋爵进行了一次不友好的谈话。谈话中，惠特沃思勋爵几乎不被允许开口，他认为这次谈话的目的是"恐吓和欺侮"。他在报告中说"根据这样的举止，应该

[①] 1801年10月英国与法国和解，双方在1802年3月27日签署了《亚眠和约》。

可以推断出他们的弱点"，这就是他从这次谈话中得出的结论。他傲慢地补充说，拿破仑用过的表达方式"琐碎而粗俗，乃贩夫走卒之论，难登大雅之堂。"一个月后，3月13日，拿破仑又在杜伊勒里宫举行的一次公开外交接待会上重演了这一幕。惠特沃思又高又壮，他的身形、自我控制能力和沉默寡言激怒了拿破仑。拿破仑走近惠特沃思，大声谴责说，英国想要再发动一场十五年的战争，全场客人都能听到他的话。他继续说道："如果英国人不遵守条约，我们就将在哀悼中埋葬他们。"然后他迅速离开了房间，快得侍从都没来得及打开双扇门——在侍从胡乱按按钮的时候，他还发了一通脾气。

后来的希特勒也擅长这种暴力恐吓的手法：不仅能震慑交谈者，也能在围观者中散布恐惧。不过，希特勒的暴怒是有意且经过演练的，而拿破仑则不同，他有时候只是无法控制脾气，而且还常常为此感到后悔，就像上面提到的这个场合。不过无论如何，结果都差不多。从1803年开始，英国与拿破仑再次开战，而这次，法国极有可能入侵英国。平底船开始集结在英吉利海峡法国侧的港口，士兵们进驻营地。英国人对这样的威胁严阵以待，甚至在英格兰中部建起防御阵地，如果法国人登陆，攻占伦敦，就把国王和政府转移到这里。但转移军队的详细计划和登陆计划都没有保留下来，也可能根本就没制定。拿破仑憎恶海战，想到它就不寒而栗。任何人发动对英国的入侵，都会被人拿来和恺撒做一番可憎的比较。拿破仑特别提到他将在伦敦做的事情，比如会抢占英格兰银行，将巨额黄金储备据为己有。但是，相较于他抓住一切机会进行大规模进攻的激情，以及以往的执行效率，很明显，他入侵英国的行动既缓慢又犹豫不决——他的心从来不在这上面。1805 年 10 月 21 日，纳尔逊在特拉法尔加的辉煌胜利，终结了任何人入侵英国的可能。

此前一年，皮特官复原职，立即着手组建第三次同盟。1805 年 8 月 9 日，以俄国和奥地利为中心的同盟国部队集结完毕，英国为此准备了超过一千二百万英镑的补贴，并同意与瑞典一起派遣部队在德国北部登陆，这使得普鲁士在秋天加入了同盟。同盟的目的是让二十五万俄军协助奥地利入侵法国。但拿破仑迅速舍弃了他入侵英格兰的计划，即刻将大量部队（当时重新命名为大军团）调入意大利和德国。他调遣部队的速度与奥地利部队行动的缓慢形成巨大反差，与俄国部队的速度对比更为强烈。一支奥地利部队在乌尔姆被包围，10月20日投降。拿破仑指挥在奥地利的法国部队对抗了俄奥同盟主力部队。拿破仑巧用一系列计谋，娴熟地隐藏军队的优势，成功地诱使两国皇帝于12月2日在奥斯特里茨应战。

这场著名的战役一般被看作是拿破仑最辉煌的胜利，冬季气候恶劣，寒冷多雾，水面结冻，路上冰雪覆盖，乡村路面崎岖多石，荆棘满布。奥俄同盟军部队约有九万人、两百七十门炮。拿破仑有七万三千人、一百三十九门炮，但他让同盟军司令官误以为他的军队不超过四万人。同盟军据此认为他们在人数上拥有绝对的优势，于是看到拿破仑占据了一个防御性的位置也不以为意。因此，拿破仑得到了他选择的位置。虽然与他一贯的做法不同，他让对方先发起了攻击，但他已准备好，也有能力让骑兵和步兵同时出击。俄国和奥地利的进攻缺乏决断，计划混乱，拿破仑迅速以同时出击的方法回击对方。

战斗在早上八点打响，天还黑着，到下午早些时候就基本结束了，同盟军溃不成军，四散而逃。拿破仑的获胜有三个原因：第一，他拥有统一的指挥权。同盟军的高级指挥官 M. I. 库图佐夫实际上没有机会采取并执行一个统一的战术计划，因为君主和具体的军官想法不一致，他们中的一些人自作主张。第二，在困难的情况下，命令经常被误解或者直接被违抗。但是法国军队很少出这样的事情，因为拿破仑清晰地知道他在做什么，他仅有的问题就是要让他的指挥官们迅速而无条件地服从他的命令。虽然在战斗中他摧毁了两国的同盟军，但是他在之后的宣告中说，如果将士们能够更迅速的话，奥、俄军队应该能被全部歼灭。实际上，同盟军损失了两万七千兵力，包括俘虏，而法军则损失九千人，多为伤员。第三，法军更有行动力。他们的骑兵反复攻击并驱散数量众多的同盟军骑兵。炮兵能够随机应变，当得知俄军试图想要从结冰的池塘上逃走，他们很快用炮弹炸开冰面，淹死了两千名俄军士兵。军团的步兵如此英勇，以致拿破仑根本不必出动卫队。

奥斯特里茨战役让第三次同盟寿终正寝。曾做了积极政治宣传的奥国皇帝，在第二天请求签订和约，并于月末签订了《普莱斯堡和平条约》。皮特（他听到奥斯特里茨的消息时绝望地喊道："把欧洲地图卷起来吧——我们之后很多年都不会再用到它了！"）于1806年初去世了，而此后的和平努力也化为泡影。1806年8月，普鲁士对法宣战，成立了第四次同盟。拿破仑并不愿意开战，因为他感觉到了法国国内开始厌倦这种无休止的冲突，但当他集结了十五万人的强大军队并进入德国、藏身于森林的时候，他就有了决断和决心来对抗并没有任何作战准备的敌人。敌军总共有二十万人，管理混乱，无法协调一致行动。他在萨尔菲德（10月19日）、耶拿和奥尔施泰特（10月14日）、吕贝克（11月3日）等地的一系列的军事行动中，率军击败普鲁士的全部主力部队，造成了两万五千人伤亡，俘虏了一万四千人，缴获了两千件枪炮，占领了普鲁士首都柏林。在俄国的支持和英国的补给下，普鲁士在冬天坚持继续战斗，虽然1807年2月8日在埃劳与大军团的严酷交战中战败，但也给拿破仑的军队以重创。春天让双方都有了喘息之机，他们都重整兵力。已经占领了华沙的拿破仑，招募了一支波兰军队，又召集了国内一批新的应征者，将总兵力增加到六十万人。6月，他向哥尼斯堡的普鲁士国王进发，在弗里德兰（6月14日）取得了一场决定性的胜利，迫使普鲁士和俄国在提尔西特签订了和平条约（7月7日）。这再一次让英国成了拿破仑唯一的对手。

西班牙本来不太情愿做法国的盟国，在特拉法尔加丢失了他们的舰队后——纳尔逊海军上将 1805 年 10 月 21 日对法西海军取得决定性胜利——民族主义高涨，反法情绪升温。1808 年 3 月，拿破仑决定直接入侵并占领西班牙，但是 5 月在马德里的一场战役中，英军开始直接参战，法国为胜利付出的代价越来越昂贵。原本没有参加第四次同盟的奥地利受到鼓舞，重新武装后，于 1809 年 2 月 8 日重新加入到反法战争中，第五次同盟就此形成——虽然俄国（名义上是法国的同盟）和普鲁士没有加入。春天的大规模行动在 5 月 22 日的阿斯佩恩战役中达到顶峰，这次行动并不具有决定性意义，但也让法军付出了沉重代价，通常被认为是拿破仑的第一次重大失败。不过，7 月 6 日他在瓦格拉姆打了大胜仗，恢复了声誉。7 月 12 日，奥地利军队签署了停战协议，后来发展为 1809 年 10 月的《美泉条约》，第五次同盟就此结束。

至此，反法同盟的行动全部以失败告终。拿破仑的闪电战术是非常成功的策略，他的目的是将对手们一个一个拖进大规模战役，进而摧毁他们，占领他们的首都，然后强加给他们带有惩罚性质的条约。这一做法凸显了拿破仑以其伟大才能——行动迅速、果断、敢冒风险、极强的领导力，还有钢铁般的意志和勇气——极其精确地达到他的目标。当然，如果没有敌人的懒散、犹豫、软弱、指挥力量分散、缺乏战斗力以及怯懦，他也不可能成功。英国记者、《考察家报》编辑利·亨特很好地做出了总结。《考察家报》虽然基本上是爱国的、新英国的报刊，但并非完全对法国漠不关心。利·亨特在自传中提到了奥地利、普鲁士和俄国（以及不那么重要的同盟军），正是他们的软弱，才使拿破仑看上去如此强大。

> 对于地球上的君主们来说，这是一个忧伤的时代，他们认为自己必须要用弱者最令人唾弃的方式，卖友求荣；听从敌人的命令，向盟友发起控诉；不相信任何一方的任何人；根据战争的发展，回到朋友身边，又背弃他；暗中期待朋友会看在穷人的分上或出于迫切的需要而原谅他们；在任何时候都无法为他们的行为找到更好的借口，只好说"神秘的天意"，以作为最后的慰藉……这也是英格兰的盟国们在英格兰对抗法国战争的全过程中常常做的事情。当英格兰成功组建起反对拿破仑的同盟时，他们指责

拿破仑的野心，并与之作战。当盟军被敌人打败时，他们就反过来指责英格兰，与敌人一起攻打盟友。这就是他们的故事：同盟和背叛交替；一会儿发表演说，并与拿破仑对抗，随后就被打败，一会儿又发表演说，开始反戈英格兰，因为后者把他们拖下了水；一会儿又发表演讲，再攻打拿破仑，再次被打败；然后像以前一样，再一次演讲，攻击英格兰，循环往复。同时，不管是从敌人还是从盟友那里，他们还拿走所有可以得到的，他们毫无廉耻心地接受了拿破仑扔给他们的任何一丁点土地，贪得无厌，然后拿走皮特上百万的财富，我们今天还在为此付出代价。

因此，1799年至1809年末，拿破仑似乎无人能敌，在欧洲大陆上像巨人一样昂首阔步。但是他的位子依然不稳，未来仍旧暧昧——他需要取得更进一步的大规模胜利。一旦他像后来1809年那样，军事资源捉襟见肘；一旦他如同1810年发生的那样，不再能赢得一锤定音的胜利，那么，他的雄心和骄傲就会招致更多、更可怕的反对者结成同盟。第六次反法同盟就是因1812年拿破仑入侵俄国而形成的，同盟国的资源越来越多，最后取得胜利，战败的皇帝在1814年4月退位，和获胜的同盟军签订了《巴黎条约》。拿破仑作为可怜的统治者被迫流亡到厄尔巴岛，而波旁国王——被处决的路易十六的弟弟路易十八——重登王位。战胜国继而在维也纳召开会议，为欧洲商议出一个行之久远的国界方案，当拿破仑逃离厄尔巴岛回到法国的时候，会议还在进行。他们对他的胆大妄为迅速做出了反应，成立了第七次反法同盟，集合了所有曾经反对拿破仑独裁统治的力量，直接导致拿破仑的统治在滑铁卢之战后被彻底推翻。

但那是事态预测。从七次反法同盟中可以清晰地看到，拿破仑从始至终都是一个军人。作为军人，他取得了巨大的成功。但作为政治人物，尤其是在国际舞台上，他是失败的。他的失败是如此的彻底，最终也导致了他在军事上的覆灭。

第四章　残缺脆弱的帝国

如果记载表明拿破仑是位伟大的将军，那也同样说明了他无法保证长治久安。他颠覆现任政府、建立新的行政部门、强制推出相应的体制，在这方面，没人能比他做得更快。但他建立的政府都仅仅持续了几年，有的甚至只有几个月。他创立的帝国崛起又衰落，始终处于波动之中，还一直带有他不耐烦的特征以及他缺乏韧劲的性格。为了解释拿破仑治国的成败，可以对其进行一套心理检查，但这并不适用于历史学。他凭一己之力赢得皇冠，但是缺少继承者，没有子嗣可以让他的政权保持稳定、给人以信心，这一切使他的帝国注定昙花一现。如果拿破仑早点和一位有生育能力的女子结婚，有了能够继任并支持他的孩子，而孩子们可以接受训练，学会如何统治国家，这样，拿破仑就会把帝国看成是长期投资，会更用心地去对待、呵护并珍惜它。

在此，我们可以试探性地深入了解一下。虽然有史料记载了拿破仑的情感和婚姻生活，但实情如何，始终是个谜。婚前以及婚后的一段时间里，他都为约瑟芬而着迷，这点似乎显而易见。她年纪更长，身体柔软，来自更高的社会阶层，而他的激情和决心，或许还有他的举止，都让她吃惊。她需要有人劝慰，但他做不到，不管是公开还是私底下，他都是一个行动派。她抱怨过他在床上太快、太自我。她通过拿破仑，先当上共和国第一夫人，然后是皇后，引领着皇宫和朝堂的生活。她斥巨资购置衣物，这几乎成了她主要的生活兴趣。这对夫妇长期不在一起，在一起的时候也不亲近。这对夫妇一直以来都是史上最有名的卧房笑话之一的受害者："约瑟芬，今晚不行。"这笑话没有现代的权威解读。它能是什么意思？很可能就是法国人所讲的意思。约瑟芬在遇到拿破仑之前有过好多风流韵事。在他长时间不在的时候，她似乎有了新情人。

拿破仑在作战期间同样也有性伴侣。但就像他通常的做事方式一样，完事也很快。当他感到有需求时，他会简单地告诉副手："给我带个女人来。"他们知道他的品位。这些女人赤裸着被带进他的房间。拿破仑完全不想变成另一个荷罗孚尼，按《圣经》记载，这位将军被刚烈的古以色列爱国者朱迪思处死。或者，这是拿破仑的侄子拿破仑三世的想法，当他当上皇帝，也需要一个女人的时候，就采取了同样的做法。

拿破仑和约瑟芬嫉妒彼此。他们有过争吵，大喊大叫。约瑟芬敢冒这些险，是因为她这配偶的地位因拿破仑的迷信而得到庇护：他相信她是他命运的一部分。他们为什么没有孩子？她被医生告知，他们没有孩子是拿破仑的问题，毕竟她曾经生过一个男孩儿。拿破仑认为她会在他之前死去，然后他就能重新结婚生子。即使当他们团聚时，他也在宫里藏有其他的女人，她在某天晚上被拒绝进入他的房间时，就明白了这一点。（也许这就是那个著名的笑话的来源。）但是双方的私通行为都没有太过火。拿破仑有时拿自己开玩笑，有时候也和约瑟芬说他情人的坏话，尤其是做爱中的不足之处。这是很粗鲁的，但是在约瑟芬看来，肯定是因为他并未投入真情。他显然讨厌她不忠，但把最深刻的情感埋藏了起来。

在拿破仑所有露水情中，有过一个重要的例外。1806年冬天当他打了胜仗，路过波兰的时候，有一群出身名门的女孩儿打扮成农妇，在一个车站为他唱小夜曲。他被其中一位美丽女孩迷倒了，命人找到她、把她带来。她其实是瓦勒夫斯基老伯爵的妻子，只有十八岁，是一个小男孩的母亲。她不想成为拿破仑的情人，但是波兰当局、她丈夫，以及她的家人都向她施加了强大的压力，要求她服从。她被告知，波兰能否独立取决于她的意愿。按她自己的说法，当她最终被推进拿破仑的卧室，拒绝了他的拥抱之后，他对她大喊："如果你触怒了我，我会像毁掉这只表一样毁掉波兰。"随即他将他的表摔到地上，并踩上一脚，她于是昏了过去。在她失去意识的时候，他强奸了她。不久之后，她迷上了拿破仑，离开了她的丈夫，怀了孕，还生了孩子。拿破仑很开心。这件事使他最终相信他是可以有子嗣，并让他的王朝得以永存的。如此一来，约瑟芬做皇后的日子也就屈指可数了，离婚只是早晚的问题。不过，玛利亚·瓦勒夫斯基伯爵夫人不会是受益者。她被勒令回到她丈夫身边，孩子随夫姓（没过多久，亚历山大·瓦勒夫斯基伯爵成了拿破仑三世的外交部长）。拿破仑告诉他的兄弟吕西安："我是愿意给我的情人一顶王冠的。但是为了国家，我必须和皇帝们站在一起。"

现在，这些皇帝们成了问题。拿破仑更愿意娶一位俄国公主。在欧洲所有的合法皇帝中，拿破仑只喜欢或者他只说过喜欢沙皇亚历山大一世。拿破仑把他称为"我的朋友"。友谊对拿破仑有特殊的意义（它意味着有共同兴趣并相互吸引），是继家庭之后他认可的最重要的纽带。与亚历山大这一支联姻，他就可以和东欧最强大的国家建立起血缘上的契约。还有很多动机促使他尽可能与俄国建立最坚固的联系，其中相当重要的一点，就是双方可以在亚洲联合行动，削弱英国的印度殖民地在亚洲的影响力。

虽然亚历山大没有公开拒绝这个计划，但他并不会接受。他信奉君权神授的理论。他既有宗教方面的理由，也出于王朝的考虑。大革命中的无神论严重迫害了上帝在人间的使节们，拿破仑正是受益人。诚然，他补偿了罗马教堂，但显然只是权宜之计，一旦有利可图，他可以很轻易地再次发起迫害。另外，如果俄国公主嫁给拿破仑，她就必须公开放弃东正教，转信天主教。这会严重影响波兰的天主教民众，而不管怎样，拿破仑都支持过波兰人。沙皇拒绝用一场基督教婚礼将他和拿破仑的友谊神圣化，这是拿破仑独裁生涯中的一次厄运。如果有这样一场联姻，法国和俄国最后的冲突就不太可能出现；尤其是如果两股力量再联合起来对抗土耳其和英属印度，可能就完全没有了冲突。如此一来，拿破仑就会是欧洲绝大部分地区的统治者。但是不管怎样，沙皇拒绝了，这使拿破仑入侵俄国的可能性大大增加。朋友的断然拒绝让拿破仑平添怨恨，接下来他在分析沙皇的行为和动机时，就夹杂了不少敌意。

这边罗曼诺夫家族拒绝与这位科西嘉冒险者联姻，那边哈布斯堡家族却非常乐意，虽然这让他们花了一些时间。对于哈布斯堡家族来说，联姻就是他们的地缘政治。几个世纪以来，他们建立了欧洲最大的帝国，并没有共同的族群基础，全靠联姻。他们不大善于打仗，却非常精明，老练地让自己的儿子们娶到拥有广阔土地的女继承者，将自己的女儿们嫁给有权力的王子们。拿破仑也许是个篡位者，但是他掌控了半个欧洲，并且威慑住剩下的一半。要保持家族的稳固，联姻是最好的选择。

玛丽·路易丝是哈布斯堡皇帝的独女，也是大革命中遇害的玛丽·安托瓦内特的侄孙女。她所接受的教育让她认为18世纪90年代法国发生的事件是整个欧洲历史上最可怕的灾难。也许这预示着敌基督者的到来，也许拿破仑自己就是敌基督者——这是她在学校里学到的。而现在，她被告知要和这位传说中的怪物结婚。她的世界观突然崩塌。但是哈布斯堡家族的教育很严格，家族里的公主就是要去与有权力的男人结婚的，他们的外表、习惯、道德标准、宗教信仰或者国籍也许会令人反感，至少拿破仑还较为年轻且声称有着同样的信仰，并散发出整个欧洲都能感受到的兴奋感。所以玛丽·路易丝带着复杂的情感来到了巴黎，接受成为牺牲品的命运。拿破仑接受了她，或者说，似乎接受了她。她身材高挑，一头金发，衣着华贵，但动作笨拙。他像以往一样不耐烦，催促着，拍打着她肥硕的臀部说："快走！"

这场婚礼的排场很大。高品位，或者说更多的是因为拿破仑迷信的直觉，让这次婚礼没有重复圣母院的加冕典礼，回想起来，那场典礼既不敬又晦气。1810年拿破仑与玛丽·路易丝的婚礼在卢浮宫举行，明显更加世俗化，正式的结婚仪式在一个布置成私人教堂的陈列馆里进行。在过去的五年中，风格、时尚和图像艺术不断发展。1804年，圣母院为婚礼专门建的临时走廊上，放置了一尊巨型查理大帝的人像雕塑。而现在，技艺娴熟的皮埃尔·保罗·普吕东负责装饰设计，他称得上是法国最杰出的女性裸体画家。他设计的主题以罗马为主，其实是恺撒式的，象征着拿破仑帝国的地界从加洛林王朝一直延伸到计划拿下的整个欧洲和地中海地区。巨大的凯旋门架设起来，还被改变了外观。施工所用的基本材料是硬纸板，革命时期和拿破仑时代的游园会里经常能看到这种硬纸板。它便宜又轻巧，可以在上面画画或者用作覆盖的装饰材料，以达到很好的视觉效果。现在回想起来，它无疑预示了这个政权本质上的短暂，但在那时，它体现的是法国人的时尚和聪明才智，令人印象深刻。

拿破仑监督了所有细节，包括新娘的礼服。他认为自己熟谙女性时装，常常公开发表关于时装的见解，对参加国事活动的女士们品头论足一番。一个女人在穿着上被皇帝评判，这是诸多可怕的事情之一。他认为玛丽·路易丝是落后的外省社区的产物——"毕德麦雅"（biedermeier）一词，作为对所有维也纳艺术界里的寒碜事情的评价，在那时还没有出现，但轻蔑已经开始蔓延，尤其是在法国人中间——他认为，让她按照巴黎的时尚标准打扮是他的责任，当然，这是他的说法。但他不再有时尚的约瑟芬伴随左右，结果总是不令人满意。离婚之后，约瑟芬回到玛尔梅松居住，直至 1814 年去世。

这场合本身就让人不舒服，但还有更残忍的时刻。虽然只有一百来人被邀请参加了真正的婚礼仪式，但是有大约八千位显要人物——可能是拿破仑一派的全体政要——都被传唤去卢浮宫长廊列队，因为这里是婚礼队伍会途经的地方。当新娘在挂着大师作品的长廊下走过的时候，婚礼达到了高潮。这些作品出自达·芬奇、拉斐尔、鲁本斯和其他大师之手，分别从安特卫普、波茨坦、罗马和佛罗伦萨、米兰、布鲁塞尔、慕尼黑抢来，更有甚者是从维也纳抢来的，其中一些还是她父亲宫殿中的珍品。从某一方面来说，她也是被抢来的，也许在场的许多人都感觉到了。

早餐让人不太舒适。拿破仑注意到，因为这场婚礼没有让教皇主持，而改由科西嘉叔叔费什主教主持，所以被十三个主教抵制，他们认为之前与约瑟芬的婚姻并没有结束，所以这桩新的婚姻属于重婚。他在就餐的大部分时间里都在发怒，想羞辱这些失礼的教士们——最后还是把他们赶了出去，街上都是穿红袍的教士们。

这顿饭在各方面都独具特色。拿破仑不太知道如何安排座位，是按先来后到，还是男女间隔，还是按照传统的做法。最后，他把座位安排得很奇怪，男人坐一边，女人坐另外一边。有人记得他和新娘坐在主宾桌，桌上摆放了船形盆。这些镀银并镶嵌着珠宝的船形盆，是中世纪后期和文艺复兴时期餐桌上最无与伦比的装饰。桌上摆放的两只，由银匠亨利·奥古斯特打造，耀眼夺目。但是拿破仑就像所有不熟悉传统典礼之雅致的人一样，以为它们仅仅是装饰物。事实上，它们专门用于盛放贵宾的刀、叉、勺，或者个人专用调料罐，这样就不必与他人共用。玛丽·路易丝的父亲应该知道这个，但是她本人可能还是太年轻，而拿破仑则完全不明所以。他让人把这些船形盆放在旁边的小桌上，作为荣耀，从而失去了它们原本存在的价值。

婚礼当晚发生的事情没有被记载。但是有个故事说拿破仑很清楚他可能没法让他的处女新娘为他生个儿子，也知道他的年纪是她的两倍，但那晚却是他在床上表现最好的几次之一。当然，完事依旧很快。新娘就这样同魔鬼圆房，在事前和过程当中都保持沉默，完事后，她陷入了沉思，然后突然开口说道："再来一次！"这让皇帝吃了一惊。后来他们生了一个儿子，就是罗马后来的国王。普吕东又被叫来设计一个摇篮，主要是金和珐琅做成的奢侈品，遵循帝王喜爱的风格，可能是法国历史上最昂贵的摇篮。但是，就像为这位皇帝打造的绝大部分艺术品一样，它显然关乎国家形象，而非品位。

据说玛丽·路易丝对皇帝产生了很强的个人依恋，却没能陪他一起度过失败的岁月。1814 年，她从维也纳出发去厄尔巴岛与丈夫团聚，或者说，她曾这样热切地期望着。但是，不管出于巧合还是人为，护送她的绅士帅气而细心，于是她永远也没有到达厄尔巴岛。维也纳国会封她为帕尔马公爵夫人，她又再婚了两次，1847年在她父亲的旧都去世。总的来说，瓦勒夫斯基伯爵夫人对拿破仑更为忠诚耿耿。她去厄尔巴岛看望过他，也许是相信他还不是彻底失败，如果他重拾运气，或许她的儿子还能够成为波兰国王。但是这一切并没有发生。1817年，这位失望的女人死去了，年仅二十八岁。

无论如何，罗马国王的诞生都来得太晚，拿破仑已经来不及施展他长远的帝国计划了。不然的话，他还可以有意识地为他统治的臣民的利益而执政。当然，他说自己是这样做的，或者说，大致相信自己做到了。他把自己看作启蒙运动的使者，认为自己给此前一直被特权阶级的利益所统治的人民带来了理性和公平。但是，尽管他冲进了封建和专制制度统治的地盘，最初也努力迎合人民，还经常受到欢呼致礼，但最终，出于军事和财政的需要，他还是加重了人民的负担，这让他的统治比旧制度更不受欢迎。对金钱和人力，他永不满足，帝国必须提供二者，因此民众产生憎恶的情绪也是无法避免的结果。另外，与其说他推翻了一个特权阶级，不如说他其实是用另一个特权阶级，即法国的民事或者军事机关，代替了它。所以，除了那些从他的权力中直接获益的人，大部分欧洲人对他开始滋生仇恨，不管是集体还是个人，直到他们成为强大的力量。

有一个民族特别厌恶拿破仑，它就是瑞士。拿破仑在瑞士的第一次行动就是掠夺伯尔尼的财富：他拿走了那里的每一块金币、银币，为他的埃及行动提供资金。约一千万英镑的现金不翼而飞，还有八百万英镑的支票，主要是英国票据。当法国的全权代表布律纳将军离开瑞士去意大利时，他把偷来的金子藏在行李中，由于太过沉重，马车底部被压塌了。人民奋起抵抗的时候，就会被射杀。一位名叫舒恩堡的指挥官，在尼瓦尔登屠杀了五百人，包括女人和孩子；整个村庄被消灭了。正是由于这一次对和平的亵渎，爱好自由的瑞士决定将矛头转向拿破仑。华兹华斯视瑞士人为典范，这些人热爱着土地，与土地亲近，辛勤地耕种，他们是天生的民主人士，然而他们这种传统的自治方式，被贪心和腐败的暴君残忍地粉碎了。

这样的情形，在被占领的地方比比皆是。与城里的文化阶层不同，对平民来说，拿破仑军队的到来，意味着他们将失去粮食、储蓄、马和牲畜；农庄和谷仓被烧毁，妻女被强暴，还得为前来豪夺的士兵提供住处，把他们的马安置在神圣的本地教堂里。拿破仑对指挥官的命令是：你们有力量，靠土地吃饭。当1808年他让若阿尚·缪拉元帅领军征服西班牙时，元帅抱怨说想要些补给，拿破仑非常厌恶，严厉地回复他说："手握五万将士，不去抢夺，还开口要东西。"缪拉说，这封信"让我感到震惊，就像砖头砸到我头上。"

意大利人从一开始就对拿破仑怀有复杂的感情。一方面，拿破仑是解放者，打击了之前占领意大利的奥地利人，因此受到了意大利人的欢迎。这也使他在伦巴第地区广受好评。在意大利统治最差的教皇国内，人们认为他保护教会，使其免受革命者迫害的同时，在政治上缩小了教皇国的规模。另外，在那不勒斯，比起波旁王朝，拿破仑的独裁统治更受欢迎。缪拉娶了皇帝的妹妹卡洛琳，成为拿破仑的妹夫，起初他被看作是国王的替代者，受到欢迎。那时候，不管是对马耳他骑士制度的抑制，还是对旧时统治威尼斯的寡头政治的镇压，几乎很少有人为此感到惋惜。

的确，大部分人都将拿破仑看作是意大利人。他自己也吹嘘说："我的祖籍让所有意大利人都将我视为同胞！"他说当他妹妹宝琳娜提议要嫁给旧罗马贝佳斯皇室时，意大利人说："这事会成的，这是我们自己的事，是我们自己人的一部分。"当拿破仑命令教皇来巴黎为他加冕时，主教中的意大利派驳回了奥地利派，鼓励教皇听从命令。他们的想法是："毕竟，我们是将一个意大利家族推出来统治蛮族，我们这是在向高卢人复仇。"

但这很快成了一个糟糕的玩笑。两位公主非常受欢迎，善良的卡洛琳在那不勒斯施舍无数穷人，宝琳娜性格活泼，讨人喜爱。宝琳娜是家族女人中最美的，她骄傲而不知羞耻，喜欢展示她的身体。她每周都要举办一场恋足的仪式，她让女佣清洗她精致的小脚并在上面撒粉，周围是观看的男性贵族，甚至是古怪的主教。她还强迫欧洲最好的雕塑家、道貌岸然的卡诺瓦，画她躺在床上半裸的样子（他拒绝了她画全裸的要求）。当时的床上有一个装置可以自由转动，这样各个角度的人都可以看到床上的人，这是罗马上流社会的餐后娱乐项目。

但是法国人的统治腐败又贪婪。法国人偷了所有没有钉牢的或者原本钉牢的值钱东西。这些"蛮族"掠走了意大利数以百计的艺术作品，辩解说这是因为无人看管、欣赏或者保护它们。幸亏 1815 年卡诺瓦在卡斯尔雷和威灵顿的帮助下，努力将包括鎏金铜驷马在内的艺术品都归还给了意大利，激进的巴黎民众试图阻止文物回归，但被英军制止了。还有一千多件物品散落在法国各地（这个事实与拿破仑的声明不符。他曾说他将欧洲艺术带到了卢浮宫，这样可以让全世界看到），再也没归还。财富和艺术作品一样被掠夺了。据目击者说，的里雅斯特沦为空城。其他城镇事实上也被洗劫一空。拿破仑在意大利建立的许多新邦国或共和国都欠考虑，相比它们所取代的国家，新国家的管理效率更低、更严苛。法国毫不怜悯地向意大利征税，不交税的人会被当作"强盗"吊死。如果村子或城镇拒绝将不交税的人交出来，市长就要被吊死。意大利变成了这样一个地方：数千法国人能够轻易地获得行政官之类的职位，拿高薪水，还能顺道发大财。这些人要么是元帅和将军的亲属，要么是其他有影响力的人。而且，不管法国在哪里统治，都带有文化帝国主义的色彩，或者说种族主义。在被法国统治时，意大利语被当作蛮族土语。在帕尔马公国的勒朗科勒，当时还是婴儿的威尔第被一位不怀好意的法国官员注册为约瑟夫·富廷宁·弗朗索瓦。当恐怖的灾难来临，大部分意大利人都发现，比起法国人，他们更乐于接受奥地利人，甚至是波旁王朝的统治。缪拉待得太久，过了受欢迎期，就被处死了。

多数英国人从一开始就不喜欢拿破仑。经验告诉威廉·皮特永远不能把拿破仑的话当真。而轮到卡斯尔雷和坎宁时，他们发现他是一个无可救药的说谎者。哪怕是颇受拿破仑喜爱的忠诚的秘书路易－安托万·福韦莱·德·布列纳也写道："他让我逐字逐句按照他的意愿写官方声明，这让我感到痛苦，每个词都是一次欺骗。"当他抗拒时，拿破仑回复他："你是一个白痴，你什么都不明白。"但是布列纳和其他人都太了解他了。从拿破仑还在摇篮里开始，善良仙女赠予他的礼物就超出了大多数人的想象。但是她没有让他拥有鉴别真假或是非的能力，而这是大部分人，不管多么卑微，都应具备的能力。

英国人很早就感受到了这一点，尤其是皮特和卡斯尔雷，他们因从不对下议院说谎而感到骄傲。利物浦勋爵年轻时曾目睹巴士底狱被攻占，从没忘记它的恐怖，他认为拿破仑就是把暴民变成军队来恐吓欧洲的人。普通的英国人，憎恶常备军而热爱海军，他们把拿破仑看作常备军的代表，而把海军视为天堂派来的保护者，让他们免受他的伤害。拿破仑做的所有事情都是错的，或者说，即便明显带着善意，也是可疑的。纳尔逊将其总结为对拿破仑独裁主义本能的抗拒。他拿起一对钳子说："如何摆放这些钳子并不重要。但是如果拿破仑说必须这样摆放，那我们必须将它放在另一个位置。"

英国知识分子——如果这个叫法还算成立的话——分歧严重。除了少数例外，艺术家大都带着敌意，完全反对拿破仑把世界艺术集中到巴黎卢浮宫的主张。他把卢浮宫更名为拿破仑博物馆这件事，就像是一个士兵做出的轻率决定，让人难以忍受。许多作家最初被大革命吸引。华兹华斯写过"生命的黎明是乐园，青春才是真正的天堂，"想要与骚塞和人在美国的柯勒律治一起找到一个"大同世界的乌托邦"，实现这些新理想。但这三人都转而反对革命，因为恐怖的事实比雄辩的埃德蒙·伯克更具有说服力。但是，伯克在新出炉的作品中，把它作为反对法国大革命的一个例子（还含蓄地包括了它残存的继承人拿破仑）。他写的《论法国大革命》引起了巨大反响，被广泛传阅，也使英国在接下来的长期战争中时刻思考政权的稳定。

华兹华斯特别憎恨拿破仑对被侵略国家的农民的剥削。骚塞写了《纳尔逊的一生》一书，该书迅速席卷全国，在后来一个世纪里都是难以超越的佳作。在地中海特拉法尔加海战的准备阶段，担任马耳他殖民政府秘书的柯勒律治学到了很多地缘政治学的知识（对此，他似乎有种天赋），结识了英军专家查尔斯·威廉·帕斯利上校，并成为挚友。帕斯利上校写过多本关于英国全球战略的书，曾受到简·奥斯丁的大力推崇。柯勒律治特别厌恶拿破仑。他在《纪事晨报》上写了许多文章，斥责拿破仑的政策和行为，认为这对英国所支持的从个人自由到国家独立在内的所有事情来说，是一种威胁。拿破仑是"地球上的邪恶天才"。他甚至构思过一个暗杀拿破仑的故事。他觉得拿破仑无比强大，比起超自然的敌基督者，拿破仑更像是一个超人怪物，一个"人类的敌人"，"正在发动反对人类的战争"。

包括济慈和雪莱在内的一些人继续将拿破仑看作是浪漫主义式的英雄，认为他如同现代亚历山大大帝一样攻入埃及，或像汉尼拔那样领导军队穿过大圣伯纳德山口。他们上了宣传的当，拿破仑的画匠团队训练有素，画出的拿破仑形象深入人心。在20世纪，被画像欺骗的情形再次出现：萧伯纳、比阿特丽斯和悉尼·韦伯为斯大林的形象所倾倒，诺曼·梅勒等人崇拜菲德尔·卡斯特罗。

同样，崇拜拿破仑的也大有人在，但这种崇拜没有持续多久。在英格兰，许多人继续崇拜他更多的是出于对制度和统治者的批评，而不是赞同他的做法。因此，憎恨摄政王的查尔斯·兰姆，觉得拿破仑是个"好同伴"，说自己愿意恭敬地站在他的桌旁。拜伦认为拿破仑是个有缺陷的英雄，但是为他没有在部队的前线战死而感到遗憾。他认为1813年至1814年的战争"将他慢慢逼退到无足轻重的位置"，而他被迫从"欧洲王位上退位"的那天是让人悲伤的一天。见证了他所有罪行和人生起伏后，拿破仑仍有一位英国崇拜者——威廉·哈兹里特。作为艺术家和批评家，哈兹里特认为拿破仑把全世界的艺术集中到卢浮宫的计划非常好，他曾在短暂的《亚眠和约》期间参观过卢浮宫。但是让哈兹里特认同敌人拿破仑的原因，是他憎恶"正统性"，这是旧制度不能宽恕的罪。他忽略了拿破仑想当皇帝的野心，也忽略了拿破仑曾试图通过第二次婚姻来确保他的正统性的行为。哈兹里特觉得滑铁卢完全是场灾难：因为它，他如此沮丧，差点儿成了无可救药的酒鬼，尽管他活了下来，并写下了十卷本的《拿破仑传》，但其中大部分内容都源自第二手资料，至今为止，（我认为）很少有人完整读过。

大多数美国人，像英国人一样，虽然憎恨恐怖，但对大革命进行政权革命的目标报以同情。还有少数人在捍卫它，比如托马斯·杰斐逊，虽然是以遮遮掩掩的态度。而当法国回归君主制时，其令人震惊的暴政只会被归入欧洲专制主义的行列，与后者没有什么不同。拿破仑加冕之后，托马斯·杰斐逊就再也没有赞美过他。他认为拿破仑的政策"太扭曲，没有计划"。英国努力要摧毁拿破仑的大陆封锁体系，因为后者取缔所有进口自英国、从英国转运或英国制造的商品，渐渐把美国拖入了与英国的战争，这次经济封锁几乎让双方两败俱伤，最终两边只好妥协，回归到战前的状况。事实上，战争对大部分美国人造成的影响和震动，远不如拿破仑向美国出售路易斯安那的报价所带来的震撼，即使在当时看这笔钱也是微不足道的。

出售路易斯安那几乎是拿破仑最大的失败。"你们一定进行了大量的讨价还价"，塔列朗对美国人说这句话时，也不是没有一丝悲伤的。确实，"路易斯安那"占地八十二万八千平方英里，后来分成十三个州。法国人只收取了一千五百万美元，换句话说，每英亩四美分。要是拿破仑利用法国在美洲领土上的合法权益，探索建立一个横跨大西洋的伟大帝国，而不是试图把一个不正统的欧洲帝国分立出去，他原本可以带给法国富裕，而非贫穷；他本可以给无数富有冒险精神的年轻法国人创造机会，而不是让他们在毫无意义的战争中丧生，还能顺便给英国敌对者造成比他在欧洲的所有努力更大的伤害。他原本可以永远地改变整个世界，但他毕生都没有做到这一点。他对美国一无所知，也不愿意了解，一切都太晚了。大西洋之大让他害怕，所以他的目光从整个世界的船上移开，只专注欧洲的客舱，他目光短浅、心胸狭窄的特征正是他的出身决定的。所以，美国一直是在拿破仑时代中获益最多的强国。

起初，几乎德国整个文化阶层都视拿破仑为英雄。在诗人的眼中，他不仅是极为冒险的浪漫精神的缩影，而且是无所不能、极为开明的国家的化身，这一理想形象强烈地吸引了很多人，包括年轻的哲学家黑格尔。黑格尔对国家的狂热打开了通向俾斯麦的铁血普鲁士之路，更为悲惨的是，它也为阿道夫·希特勒的第三帝国指明了方向。没多少头发的黑格尔站在街上，看着胜利的拿破仑的队伍经过，甚至在法国士兵抢走他的财物后仍继续为他鼓掌。后来当德国的舆论转向反对拿破仑之后，不惜一切代价想要成为柏林大学哲学教授的黑格尔不再支持法国文明，转而接受了德国沙文主义。可以说，他因错误的理由爱上了拿破仑独裁主义，但也因错误的原因摒弃了它。

另一边，贝多芬当时正在创作后来打破传统交响曲模式的第三交响曲。一位朋友兼亲历者费迪南德·里斯曾经说：

> 在这部交响曲中，贝多芬的脑海中有拿破仑的形象，不过是他担任第一执政的样子。贝多芬当时（1804 年）很尊重他，把他比作伟大的罗马执政。我……看见他的桌子上有一份乐谱，标题页的最上方写着"拿破仑"，最下方写着"路易吉·凡·贝多芬"，没有其他任何文字……我是第一个告诉他拿破仑称帝的人，他随即突然发怒，叫喊道："那么他是个再普通不过的人了？现在，仅仅为了满足他的雄心壮志，他就要践踏他人的权利。他会把他自己宣扬得比所有人都高，然后变成一个暴君。"贝多芬走向桌子，拿起标题页的顶部，把它撕成两半，

扔在地板上。

德国其他著名创作者们更慎重些，但同样也表达了对拿破仑的轻蔑态度。1808年秋天，在埃尔福特的国王和王子们的大型会议上，歌德作为德国的作家代表和小国莱茵兰国政府的重要人物出席现场。这是一次帝国峰会，旨在给人留下深刻印象。皇帝把夺来的宫殿重新装饰一番，里面摆放了上百列火车运来的法国家具、萨伏内里地毯、奥比松地毯、塞夫尔陶瓷、金银珠宝，还有二十位法国厨师，成堆的饼、奶酪、火腿和软糖，以及成箱的波尔多酒和香槟酒。除了沙皇外，所有国王都需要及时集合，迎接皇帝到来，男士站起来鞠躬，女士行深屈膝礼。从管辖公爵、主教，到不入流的人，都期盼皇帝的眼光能落到他们身上。拿破仑宣布卡塞尔将是新的德国首都。德国历史学家代表约翰·冯·穆勒将要照看、记录皇帝的生活（就像他为腓特烈大帝所做的那样）。格林将出任图书馆馆长，贝多芬为皇室音乐家。接着公布了许多其他的任命（很少人到场）。然后，拿破仑看到了歌德，他是被召来做听众的。

歌德发现皇帝狼吞虎咽地吃早餐，就站着看他。他注意到猎兵卫队的绿色制服，还有拿破仑女性化的小手——不写字的时候就会把手藏在口袋里。报告者一个接着一个，塔列朗带来了外交新闻。皮埃尔·安托万·达鲁将军展示了一份普鲁士征兵报告，这些士兵正在接受训练，最后他们将在俄国被冻僵并被抛弃。歌德对这个大人物印象颇深：他三十八岁，身材开始发福，但是靠着果断的言辞、简单的点头和迅速的否定，就统治着世界。最终他走向歌德，带着满意的神色："看这里，一个男人。"他对随从们说道。随着奉承而来的是一大堆问题。您多大？有没有孩子？您的公爵有什么新动向？您写什么？您见过沙皇没？您必须记录这次峰会，把它献给沙皇，他会很开心。歌德："我从来没有干过那样的事情。""那么您应该从现在开始，记住伏尔泰。"拿破仑微笑道，"我读过七遍《维特》。我带着它去了埃及，在金字塔下读它。我马车上的旅行图书中就有它。但是，我有一些看法。"歌德耐心地听着。"现在，歌德先生，我挑重点说。我以个人的名义诚挚邀请您来巴黎，巴黎缺少伟大的剧作。您必须来创作。展现一个伟大的人，一个现代的恺撒，如何能够为人类带来幸福。来巴黎创作剧本吧，法国戏剧团将配合您演出。我恳求您，我爱戏剧，我愿意封高乃依为王子。"歌德认真地听着，时不时鞠躬。他委婉地表达了拒绝。这个世界上最有权力的人邀请最伟大的作家却遭到拒绝实在颇富戏剧性。最终，拿破仑厌倦了，转而看向与波兰有关的一篇报告。歌德问国王的内侍，他是否可以离去（他站了一个多小时了）。拿破仑头也没抬，只是点了点头。歌德最后闻到一股浓烈的古龙香水味，拿破仑一如既往在身上喷了很多香水。

拿破仑以不同的方式让不同的人，无论同辈或者后来的人，都对他印象深刻。他忙碌而高效，或者说，至少一直持续活动，这既借助了本性，也违反了一些天性，而有些特性则让人难以置信。记者兼其仰慕者皮埃尔－路易·勒德雷尔尽他所能描述过拿破仑的工作，这是一种官方学院派的描述，就像安格尔和格罗斯的画作一样，其中有一大段内容值得引用，因为里面大部分内容，一般来讲都是准确的：

> 每次开会（国政会）都准时入席，把会议延长五至六个小时，对提出的议题反复讨论，常用"是否公平？""是否有用？"这两个问句对每个问题加以检验……然后咨询最好的权威

人士……政院通知成员休会，没有不提前一天以上的；消息如果不是从他那里传出，至少是他迫使他们研究找到的。如果没有有价值的命令，参议院和立法机关或者法庭的成员从来不会尊重他。如果不是政治家，他就不会被公众包围，所有人也不会听命于他……最能够形容他性格的应该是威慑力、灵活性和专注。他可以在一件或几件事情上连续工作十八个小时。我从没见过他疲惫的样子，也从来没看到过他缺少奇思妙想，即使是身体疲惫、刚进行了剧烈运动或是生气的时候。

勒德雷尔写这个超人从早上九点到下午五点主持会议，中间休息十五分钟，"在会议结束的时候并没有表现出比开始时累"。确实，"他的同僚们因为沉重的负荷而崩溃，但他面对这些却毫无压力"。勒德雷尔引用拿破仑的话：

> 许多事情在我的脑海中被收纳起来，就像在五斗橱的不同柜子里一样。当我想开始做一

件事，我就关上一个柜子，打开另一个。它们绝不会混在一起，没有一件事会妨碍到我，或者让我觉得疲惫。如果我想睡觉，我就把所有的柜子都关上……我总是在工作。我想得很多。如果我看上去能够撑得住场面、游刃有余地应对一切，那是因为我在做事前想了很久，我可以预料到可能发生的一切……我一直在工作，不管是在吃晚餐还是在看戏时。我常在半夜醒来重新开始工作。昨晚我在凌晨两点起来，躺在壁炉前的沙发上，检查战争部长交给我的报告。我发现了里面的二十处错误，我写下批注，今天早上让人送给部长，他现在和他的文书在修改……与战争相关的事情，没有一件我做不到的。如果没有人会制作火药，我就来做；我能搭建一个炮架；如果需要铸造大炮，我会检查他们是否做得对；如果需要了解战术细节，我会教给他们。

布列纳写道："他不太记得名字、词汇和日期，但是他对事实和地点有着惊人的记忆力。"另一位副将达鲁将军曾记录，1805 年 8 月 13 日在总部，拿破仑口授了他在奥斯特里茨对战奥地利的整场战斗：

> 行军的命令、持续时间、会合地点或者会合队伍、全力进攻、敌军的各种行动和失误，全都是快速的口授，在二百里格的距离外料敌之先……战场，胜利，甚至是我们进入慕尼黑和维也纳的那一天，都有明确的指示，并被记录了下来，最后都如他预料的那般。

拿破仑的自夸，他的文书人员或其他见证人对他的夸大的赞美，当代的读者们可以自由选择该相信多少。很可能他在军队有六千门大炮时，记得在奥斯坦德的两门大炮的具体位置，或者是在有二十万军人的军队里，能够给一个迷路的排指明行军线路以重新加入营队。这是两件典型的关于他无处不在的逸事。但是，这些事情的可信度并不比王室俏皮话高。越是如同奴隶般地为拿破仑服务过的人，出于自尊心，越需要将他塑造为一个巨人。拿破仑喜欢被书本包围的感觉，在不同时期有过很多书，甚至是在圣赫勒拿岛的困境中，他也有三千三百七十本书。但是德·雷穆沙夫人认为："他真的很无知，读得很少，也很草率。"司汤达声称拿破仑既没读过皮埃尔·培尔的《历史批判辞典》，也没读过孟德斯鸠的法律读物，或者亚当·斯密的《国富论》，当时这三本书被认为是公众人物的必读书。他自己也承认更喜欢通过多听来学习，以获得他不断提出的问题的答案。不幸的是，虽然他不停地向听众发出一连串问题来加深人们的印象，但他并不善于倾听，也不善于获取答案。

关于他的工作方式，有一点颇有启发性，就是他对细节的关注，这也意味着他没法放权。那个年代，首领包揽所有的事情已不罕见。威灵顿从痛苦的教训中得出结论，很少有军官可以让他信任，或者说根本没有人可以赢得他的信任。有时他必须亲力亲为。他抱怨说，英国军队由一百五十名文书员集中管理，而拿破仑在法国的战争办公室有八千至一万两千人，同样的早上六点开始上班、勤于工作的职员。不过从我们掌握的拿破仑的工作报告来看，他似乎在让大批的勤奋官员进行重复性劳动。

拿破仑帝国的麻烦在于，他没有自然的抑或是人为的科层制度。拿破仑的后面，紧跟着的是三位主要人物

（除了直到 1814 年都在位的参谋长贝尔蒂埃之外）。塔列朗负责外交和很多其他事宜。他出生在一个很好的家庭，小时候因乳母的疏忽而摔倒，自此跛了一条腿。这意味着他不能参军，也被剥夺了继承权，他开始从事他憎恶的教堂工作。1789 年早些时候他成了欧坦的主教，借三级会议的机遇，他进入军队。除了恐怖时期移居到了英国、美国、低地国家[①]以及德国，其他时间他都在法国工作。1797 年他任外交部长，帮助过拿破仑；1799 年11 月参与组织了雾月政变；在 1799 年至 1807 年，再次担任外交部长。他的性格与拿破仑完全相反：懒散沉默，总是需要诉诸文字，但他非常有想法，而且对欧洲国家有着非常深刻的了解，了解它们将来所处的地位，明白什么是它们能够承受，或者不能承受的。威灵顿曾经评论过他："他在对话中不活跃，让人不舒服，但是时不时地会说出让你一辈子都记得的话。"在拿破仑目光短浅的地方，塔列朗能够想得比较长远，这也是他觉得应该采取温和政策的原因。他希望获得一段持久的和平，这样法国会慢慢强大起来，版图也会扩大，并且不会成为其

---

① 低地国家（Low Countries），对欧洲西北沿海地区的荷兰、比利时、卢森堡三国的统称。

他强国强烈嫉妒和憎恨的目标。他把自己看作欧洲的仆人，其中法国只是一个历史单元，虽然是最重要的一个。他帮助组建了拿破仑帝国的许多成员国，尤其是拿破仑建立的新王国。塔列朗从所有的参与者那里都收取小费，随之也变得富有起来，但由于花钱大手大脚，他总是需要更多的钱。到了1807年，他判定拿破仑永远都不会接受忠告走温和路线，终将走向灭亡。此后，还在拿破仑处当差的塔列朗就与奥地利和俄国政府以及其他公国取得了联系，实际上成了双重代理人，两边赚钱。他的腐败行为和双重交易，拿破仑只知道个大概。后来在一次所谓的塔列朗－富歇阴谋中，两名主要部长预谋让缪拉取代拿破仑，事件败露后，拿破仑在震惊的法庭面前公开训斥了塔列朗很长一段时间。拿破仑阅兵式的语言让人震惊，就像在攻击惠特沃思的长篇演说中一样，他把塔列朗称为"丝袜里的屎"。从那天到现在，没人知道拿破仑发脾气是不是刻意为之。塔列朗表现出胜利者的姿态，什么也不说，只是鞠躬（因为他在凡尔赛学会了在皇室人员经过的时候要这样做），但是私下却更加频繁地与其他国家联系。君主们开始信任他，此时的法国，拿破仑的军事力量正处于崩溃边缘，于是塔列朗的外交优势对法国来说就是无价之宝，因为这些君主都更愿意与塔列朗协商。他又向同盟君主们提出了曾被独裁者拒绝的温和路线，君主们采纳了他的建议，就这样，他把法国从苛刻的和约中拯救了出来。

约瑟夫·富歇（1759—1820），是个比塔列朗更粗俗、身份更卑微的人，但有着同样的生存能力。他是个被惯坏的神父，雅各宾派的主席，曾经是罗伯斯庇尔手下的刽子手，在热月政变中活了下来，担任拿破仑政权的警务大臣，一直到1810年。富歇不会永远对一个人或者一件事情保持忠诚，但他有许多下属，有巨额的预算支出，无数提供情报的人，以及遍布欧洲和法国，特别是活跃在巴黎的情报处，对拿破仑来说有无可替代的价值，帮助他在谋略和权力之争中占得先机。富歇在1810年被免职后，拿破仑就再也没了安全感。富歇觉得差不多玩完了，于是把皇室联系人组织了起来。这让他在1814年的大混乱中大放异彩，他帮助路易十八复辟，同时又与身在厄尔巴岛的拿破仑保持联系。在百日王朝时期，他又成了警务大臣，在滑铁卢战役中存活下来，并再次受到王室雇佣。归国的移民大怒，国王不得不将他流放。1820年，他死在了的里雅斯特，因为严重的关节炎导致他的身体无法被放平，只能以坐姿放在棺材里下葬。富歇管理着世界首个秘密警察部队，它是希姆莱或贝里亚的原型，是拿破仑遗留的邪恶因子，他的一些做法在奥地利和普鲁士被广泛效仿，长久流传。甚至在无害的瑞典，拿破仑的元帅让·巴蒂斯特·贝尔纳多特也践行了这些做法。

三人组的第三个成员是维旺·德农，拿破仑想摘掉令人讨厌的"士兵和冒险者"的标签，努力扮演文化捐赠人的角色，德农就是这个转变过程中的关键人物。那时候，公共收藏刚刚开始流行，艺术刚刚被认为是中产阶级或每一个人的精神抚慰，德农成了法国所有博物馆的统领者，被认为是进步人士和创新者。他也可以被看作拿破仑赤裸裸的独裁的遮羞布。他是帮闲文人，把中央集权进行了温和的艺术表达，让拿破仑主义更容易被大众接受。按老式牧师的说法，他就是一名文化布道者。他的所作所为相当于希特勒手下的约瑟夫·戈培尔和阿尔伯特·施佩尔，或者戴高乐手下的安德烈·马尔罗。

从出身看，拿破仑可以算是一个意大利人，但是由于换了国籍，他成了法国文化的种族主义者。他把法国文化的吸引力看成是他在敌营里安插的第五纵队，是一股他可以绕过敌对的宫廷首领，对知识分子、年轻人、进步主义者、出格的艺术家和欧洲的狂热崇拜者产生影响的力量。德农就处于一张遍布帝国的文化网络的中心。他建成了第一条现代化的大道里沃利街，为巴黎增辉。拿破仑没有时间把中世纪首都转变成遍布林荫大道的城市，把这个任务留给了他的最后继任者拿破仑三世。拿破仑花费了大量金钱装饰这座城市，这座城市现在已被公认为文明之都。列车装着掠夺来的古董和早期名画开进巴黎，对外宣称"希腊出让了它们，罗马丢弃了它们，它们的命运改变了两次，但不会再改变"。

法国的文化产业在塞夫尔宏伟的皇家陶瓷工厂的引领下重焕青春，散发活力。拿破仑像以往一样，指定科学家、发明家亚历山大·布隆尼亚尔管理塞夫尔，引入了很多技术发明。但是，就像其他研究院一样，塞夫尔的主要功能是支持政权。拿破仑的塑像就有数千种表现形式，将军、第一执政、皇帝的塑像，半身像、全身像、骑马塑像、裸像或者遮上布的，有皇冠的、免冠的，陶瓷的或者青铜的，而且尺寸各异。塞夫尔也有无数他的妻子和家庭成员的半身像。德农就曾受命监督用陶瓷制作宝琳娜的手足塑像。1810 年，塞夫尔制作了一套华丽的玛埃舍餐具（上面手工绘制了拿破仑和十三名将军的形象），以及数只豪华花瓶（为纪念奥斯特里茨胜利和穿越大圣伯纳德山口）。

德农和拿破仑确实重塑、巩固了法国的名声，从挂毯、家具到女装，法国成为侈奢品的主要生产国。拿破仑斥巨资将他所认为的法国最伟大的宫殿、政府机构从头到脚修葺一新。在百万富翁将军的带领下，在新政权暴发户的追随下，法国时尚工厂的产品出口到了法国所统治的每一个地方。这种时尚帝国，它是模糊的罗马风格，华丽又十分阔气。事实上，它是镀金时代的先兆——在镀金时代，金钱大量涌入，人们不假思索地将之用在创造宏大壮丽的产品中。法国甚至还没有进入工业化，但是熟练手工艺者的城市经济在这种趋势下得以迅速发展。拿破仑尽量使政策让法国人满意，并不代表他放弃了统治欧洲的野心。城市经济的发展既是他的治国政策的一个重要部分，也代表着文化帝国主义和国内的安定。值得关注的是，内政部下辖诸多部门，管理多个领域：农业、商业、生计、人口、贸易平衡、工厂、矿产、铸造厂、宗教、教育，以及艺术领域，包括剧院、建筑、音乐和文学。内政部的权限之广是 20 世纪显现的集权主义的原型，也是拿破仑的一贯论调：他自己或者他的国家应该对所有事情都有答案。据说当皇帝被告知法国需要更多的好作家时，他回复说："那是内政部的事。"

德农的方法就是慷慨地付钱给被这个政权和胜利所垂青的画家，比如雅克－路易·大卫和格罗男爵。他也向非法国的雕塑艺术家支付了不菲的佣金，比如让卡诺瓦制作了一尊皇帝的雕塑，近乎裸体，高逾十英尺（他习惯了这些不协调的创作命令，包括一尊华盛顿穿成罗马元老院议员的雕像）。他也向其他国家的公民颁发科学奖项，包括英国人汉弗里·戴维爵士（但是现金奖励并没有兑现）。在德农的指导下，法国总督于1805年在米兰开设了第一家公共博物馆，第二年缪拉在那不勒斯开了一家博物馆，1809年西班牙约瑟夫国王建起了后来的普拉多美术馆的雏形。在威尼斯，他们则开展了很多重建工作，在新、旧行政官邸大楼区域动工修建符合皇帝喜好的宫殿，很多旧楼已经拆除，但值得庆幸的是，在拿破仑政权倒台的时候，这项工程很快被终止，动过工的区域地恢复了原貌。拿破仑自从将他在襁褓中的儿子立为罗马王之后，他就对罗马产生了特别的兴趣，他建造了罗马人民广场。当时欧洲其他地方也有建造纪念碑的计划，不过绝大多数都只停留在空想阶段，就像墨索里尼和阿尔伯特·施佩尔的宏大项目一样。

德农在展示帝国文化的时候，有着太多粉饰，而在公众面前又遮遮掩掩。但是总的来说，这是拿破仑独裁制度最成功的一方面，在他身后也对他颇有好处。因为如果拿破仑仅仅是胜利的军官和征服者，他的公众形象不可能在法国这样一个国家里从1830年开始一直维持到今天。幸亏有德农，拿破仑可以打出文化牌，取得一些成功，还玩出了一些策略。

拿破仑其他的牌是他作为立法者创下的名声，让他可以宣称自己是现代社会的查士丁尼（东罗马皇帝）。虽然黎塞留、玛扎然、科尔博特和改革自由派在路易十五最后的日子里，以及路易十六的整个统治时期内，都在努力进行中央集权和现代化，但旧政权还是保留了封建制度和地区差异。大革命继承了这项事业，通过了近一万五千项法令，然后进行了六次尝试，让它们变得统一。有着绝对权力的拿破仑，习惯迅速地做决定，推动了这项事业的进程。1801年底以前要完成的法典初稿需要召开八十七次最高行政法院会议，纵然有歌颂拿破仑的人，但他还是只参加了其中的三十六次会议。它的两千两百八十一项条款终于在 1804 年 3 月发布，定名为《民法典》，1807年至 1814 年称为《拿破仑法典》。它废除了封建体制残留的部分，在理论上确立了法律上的平等原则。在欧洲，法国传票所到之处，或者说法国军队占领的地方，这部法典都通行无碍。其中比较理智的、被普遍接受的内容被保留了下来。因此，法典至今仍对欧洲大部分国家有很大的影响。拿破仑虽然没有创设法典，但如果没有他，法典也不可能出现。毕竟，法典中的许多外表上的出新，并不是新的——英国议会早在 17 世纪 40 年代就废除了封建制度。以拿破仑的意见能反映到法典中的程度来看，法典还是保守的，甚至是家长主义的。它抹杀了大革命时期的女权进步（拿破仑不愿意女人参政，他觉得她们的角色应该近于希特勒口中的 Kirche、Küche、Kinder［教堂、厨房、儿童］）。在英国刚刚立法废除了奴隶制的时候，他让法国在西印度群岛重新建立奴隶制。对于自由主义者而言，法典包含了许多未预料到的公开或隐藏的危险，相对于个人而言，它过于偏向于公共机构。它在法国引发了一句关于权力的暗语："只有权力可以纠正滥用权力。"尽管有着这些缺点，法典仍是拿破仑事业上的一座丰碑。

它给予了这个政权从未有过的团结。大革命废除了可以追溯到中世纪早期甚至罗马时代的法国传统地区边界，强制推行了省制并任命省长。拿破仑用力量和恐吓巩固了这个新政权，不过，老法国是没有那么容易被驱逐的。甚至在他死了半个世纪之后，或许还有一大半的法国公民都不讲我们所称的法语。拿破仑的独裁统治与他20世纪的继任者们从根本上讲是不同的，它不建立在政党的基础上。拿破仑没有政党，他的政权是基于雅各宾派、保皇党和其他各派的平衡，他不属于任何党派，但他有军队。军队是最基础的——其实也是最显而易见的权力的来源。军队虽然拥有独裁的力量（甚至高于富歇和他的警察），但并不像现代政党那样无处不在。另外，与战争中的作用不同，军队作为有效的统治工具，它取决于那些被拿破仑赋予了权力的人：他家族中的男性成员和他军队的元帅。

这两组人都不适合承担这一职务，只能说其中一些人表现得更好一些。拿破仑将黑塞－卡塞尔和布伦斯维克，连同汉诺威以及萨克森的一部分，一起打造成了一个不稳定的西伐利亚王国，让最年轻的弟弟热罗姆当君主，后者曾努力地想摆脱这项不可能完成的工作。这块土地的固定收入约有三千四百万法郎。一千万法郎需要负责法国驻守军（热罗姆还得组建一支军队）的一切开销，七百万法郎直接给皇帝，每年还向法国政府交纳五千万法郎以偿还"债务"。因此，热罗姆得靠变卖房产来维持王国的运转。这样是没有长远未来的，就算1813年盟国没有将它击碎，王国也会自然瓦解。

拿破仑的继子欧仁·德·博阿尔内于1805年被任命为意大利（由法占区组成）的总督，他竭尽全力进行治理。虽然总体上意大利人讨厌法国人，但有一些人还是喜欢他。他可以说是凭自己的力量，与巴伐利亚国王的女儿结下了幸福的婚姻。并且，有一个外在因素让他逃过1812年至1814年的拿破仑灾难，保住了自己的王国。维也纳会议给了他一笔退休金，让他成了希施泰德王子。

这些新国家中最不合情理的一个就是巴达维亚共和国，它在1795年由督政府建立，拥有老奥兰治王室的荷兰领土。拿破仑将它变成了荷兰王国，并在1806年让他的弟弟吕西安担任国王。这些傀儡君王很悲惨：要么服从拿破仑的命令，承担失去民心的风险；要么抗拒他的命令，承担让位的风险。吕西安选择了后者，于1810年被迫退位，于是这片土地被并入法国。最年长的约瑟夫是兄弟姐妹中最顺从的一个，他选择了前者，成为那不勒斯国王，并于1808年成为西班牙国王。但他不被重视，在两国的统治都失败了。在那不勒斯，他被贫穷的加斯科涅旅店老板的儿子若阿尚·缪拉取代，缪拉靠着他与拿破仑的妹妹卡洛琳的婚姻爬到了君主的位置。缪拉喜欢好看的制服和头衔。他是法国的海军将军，是贝尔格和克莱沃的大公爵、帝国的王子，也是军衔制度的创始者之一，他的胸前挂满了勋章和军衔。那不勒斯人喜欢他骄傲的神气。作为拿破仑最好的骑兵指挥官，他长时间远在俄国和其他地方，将许多统治事宜交给了卡洛琳，后者虽然自私、阴险，但是更会统治。如果统治权一直留给她，她可能会在大混乱中存活下来，但是缪拉在1815年3月逃走后又傻乎乎地回来，随即被处决了。卡洛琳以里波那伯爵夫人的身份在佛罗伦萨度过了余生。里波那就是那波里①的异序词。

在拿破仑国家权力体系的最顶层，唯一在大混乱中毫发未损的统治者是让·巴蒂斯特·贝尔纳多特。他因与拿破仑的前情妇德西蕾·克拉丽结婚，成了拿破仑的

---

① 那波里（Napoli）即那不勒斯。

"家族成员"，快速晋升到元帅一级。1810 年，顺从的瑞典国将军将贝尔纳多特选为膝下无子的查尔斯十二世的继承人，希望以此与拿破仑交好。担任指挥官的时候，他从来没有赢得过拿破仑的赞扬（他既缓慢又谨慎），因此他改换门庭，将瑞典带回到同盟国阵营里。他后来证明自己更适合当国王，一直在位直到 1844 年逝世，享年八十岁。

当然，瑞典是一个真正的王国，一个自然的民族实体。华沙大公国在某种意义上亦是如此，它是拿破仑在1807 年创造的短命王国，作为法国的傀儡，一直存活到法国军队从莫斯科败退，被俄国军队占领。西班牙和荷兰也是王国，在法国军队撤退后自然也恢复原来的样子。意大利和德国的"王国"都是华而不实的创造，仅仅是拿破仑在一次地图会议上将它们放在一起，它们的法律、边界、统治者和制度都在不断变化。它们通过移去神圣罗马帝国这种古老的政体和像威尼斯这样崩溃的国家，加速了德国和意大利民族主义和统一的进程。但是哪怕在当时，也很少有人相信这些国家会存活下来。所有的傀儡小国和王国只是拿破仑拿来筹集资金以及军队用来保持战争进行的工具而已。从版图上看，法国的领土也在扩张，人口和领土都有两倍的增长，拥有一百三十多个省、四千四百万人。但是扩大的法国只是增加了统治的难题。

拿破仑深刻地意识到，军事准则，或者说由军人管理（如果不是完全没用的话）只会在暂时的紧急状态下有用。那么在某种意义上，整个拿破仑帝国就是一个紧急状态下的实体，只会有短暂的光辉，而不会长久。高级军官们组成了帝国的外壳，1804 年，拿破仑将十八名高级军官升为元帅。元帅组成了一个拥有军事力量和荣耀的团体，后来有七位杰出的将军也加入其中。元帅军衔对拿破仑来说不是一个威胁，因为他们没有勾结的能力，如果不是社交场合，他们也不会聚在一起。它是一种让士兵们对当前政权满意的便捷方式，因为它能同时带来荣耀和财富。拿破仑就像一位大家长，正如他的科西嘉祖先，像家人一样对待所偏爱的属下，以巩固自己的"亲缘"力量。一些像缪拉这样的人，被授予王子称号。很多人成了公爵。让－安多歇·朱诺成了阿布兰特什的公爵，热罗·杜洛克只是一名将军，但因负责料理帝王家事而成了弗里乌公爵；奥古斯特·马尔蒙成了拉古萨公爵，等等。大部分人都分到了不错的庄园，有大园子，还有国外房产。拿破仑也可能会把巴黎的一栋房子送给一个他喜爱的指挥官。这些人每年的收入是十万法郎，多的甚至是二十万法郎。他们结婚时，拿破仑会赠送礼金，他对他们的孩子也很慷慨。拿破仑在宫廷里和国家机构中营造了一种奢华的氛围，并且鼓励元帅们也如此做，但是他自己其实很小气。他从元帅们（以及其他放纵的仆人和朋友们）那里收受奢华的礼物，并记录在一本小册子里。

元帅们是一群好奇的老兵、浪漫主义人士、莽撞的人、普通的冒险者、趋炎附势者和愤世嫉俗者。但几乎无一例外，他们都是勇敢的人。加斯科涅人——缪拉、内伊、让·拉纳、尼古拉·让·德迪乌·苏尔特——都尤其勇敢。拿破仑称内伊为"勇敢者中最勇敢的人"，为什么拿破仑这么说？想知道原因的人可以去巴黎的观察者街附近寻找内伊的塑像，上面列出了他参加过的无数战斗。有些人在旧制度下参加战斗，像骑兵尼古拉－夏尔·乌迪诺，身上有二十二道伤疤。大约一半的人通过晋升而到达高位。弗朗索瓦－约瑟夫·勒费弗尔原是路易十六卫队里的士官，后来在俄国领导帝国的卫队步兵。当被问及拿破仑对元帅如何慷慨时，这名多次受伤的老兵回答道:"假如我们走到花园里,我朝你开六十次枪,如果你最后还活着,那我所有的都归你。"有一些人,像安德烈·马塞纳,贪得无厌,甚至用拿破仑军中的标准来衡量,也算臭名昭著的掠夺者。马塞纳实在是太粗暴,最后因为丢掉了指挥权而受到惩罚。拿破仑看中他的能力,不准他解甲归田,于是他就继续做元帅、里沃利公爵和王子。有些人是普通士兵,还有些人是狡猾的幸存者,他们都比拿破仑活得久,比如苏尔特,在波旁和路易·菲利普最后的宫廷中还曾当过差。

很少人有独立思考的能力,他们的缺点也在于此,他们几乎无一例外都是附和者。在拿破仑这样有决断力的军事天才的命令下,他们才可以表现出卓越的一面。他们忙于遵从他的命令,让他高兴,获得他的赞赏。有时候,被给予一个独立的指令时,他们就会表现出色,尤其是当指令清晰、任务还算简单的时候。但是只剩他们自己的时候,他们就会焦虑、担心,面对拿破仑没有提及的新问题时,他们就缺乏策略。这点激怒了皇帝,尤其是在西班牙,他们在那里全面溃败,但这是拿破仑自己的错。他不喜欢放权,因此他提拔的更多是能够精准执行命令的人,而不是有头脑的人。这是帝国失败的主要原因，因为拿破仑不仅让元帅和将军指挥那些因为太过遥远、他无法仔细监督的军队，而且还让他们统治各省和王国、管理驻外使馆、平息叛乱，应对时不时牵涉几乎整个帝国八千万人的危机。

拿破仑有孤独而强大的一面。他并不是坚固的权力金字塔最上面的压顶石。在他与权力金字塔下一层的那个人中间，隔着不可跨越的鸿沟。与他个性中的隐患不同，这个事实引发了恐惧。这个国家，这个帝国，到处弥漫着恐惧。拿破仑并没有谋杀许多人，他只是任意关押人，然后将其流放。他的警察无处不在，而且非常有韧性。他掌控了出版商和剧院。他的议会是虚假的。不过，他没有设立集中营。他对昂吉安公爵的司法谋杀，塔列朗愤世嫉俗地评论说："这不仅是犯罪，更是一个错误。"这次谋杀被记住而且一次又一次地被提及以反对拿破仑，恰恰是因为它太过罕见。但是它也诱发了恐惧，尤其是在欧洲的王子和在位的国王当中，他们觉得如果军队失败了，他们也一样会被拖到鼓槌前判处死刑。

关于拿破仑引起的恐惧，斯塔尔夫人提供了最好的佐证，她的《十年流亡记》是拿破仑时期一本不可或缺的指南，对拿破仑（而不是他的想法，因为那太深奥）

的所作所为有很深的洞见。斯塔尔夫人不是一个容易被恐吓的女人。她的父亲是银行家雅克·内克尔，他做过很多努力尝试理清旧政权下乱糟糟的金融界。她富有而独立，头脑清晰又直言不讳，她不仅有可能嫁给拿破仑，也可能嫁给拿破仑的劲敌威廉·皮特，这让她显得与众不同。不过这两个人都没有这样的想法，他们更喜欢有自己的事业。斯塔尔并不是怕事的人。在拿破仑独裁的早期，她曾问他的副手皮埃尔·奥热罗，拿破仑是否想自己当意大利国王，然后被告知："不，的确不是，这是一个有教养的年轻人，不会做这样的事。"斯塔尔觉得这个回答很奇怪：

> 随着越来越了解拿破仑，我越来越无法感到安心，反而更加恐惧了。我有些困惑，觉得他的内心难以触碰。他把人类看作事实或事物，而不是一个像他自己一样的平等的人。他对人类既没有恨，也没有爱……他沉溺于冷静的盘算中。他是一个棋师，对手碰巧是余下的全人类……怜悯或是吸引，宗教或是依恋都不会使他偏离目标……我感到他的灵魂冰冷如钢铁，

我能察觉到他对人类的讥讽，对他来说没有任何事情是伟大的、是好的，甚至他自己的命运也是如此；因为他看不上这个他打算要统治的国家，他想让人类大吃一惊，而就在这样的欲望中，他也没有表现出太多的激情。

的确，拿破仑在心底蔑视法国人，或者说巴黎人更为贴切，他们是"政治国度"的心脏。根据他在革命的多个阶段的经验，他觉得这些人本质上是轻佻的。既然巴黎为国家的趋势定了调，那么法国的其他地方全是跟着巴黎的一时兴致照做。他告诉斯塔尔夫人的一个朋友："每三个月就必须做一些新的事情，来迷住法国人——和这些人在一起，不行动的人都会被毁灭。"因此，按照威灵顿的说法（他发誓这个故事是真的），拿破仑想要把人们的注意力从他在俄国的失败上转移，于是禁止歌剧院高踢腿的舞蹈演员穿内裤，但是女孩们干脆地拒绝了。他觉得法国人聪明狡猾，但又无足轻重，即使有个英国那样的议会，也不能相信他们的民主，每天听到的吹捧让他坚信这一点。斯塔尔指出，有一位国家顾问、国立学院的成员，也是拿破仑宫廷内的大人物，问她："你有没有注意到第一执政有多么漂亮的指甲？"另一位大人物断言："拿破仑的手天生完美。"于是老贵族家的年轻人突然插话："咱们千万别再讨论政治了。"

如果说拿破仑看不起法国人，那么，他对帝国其他地方的文化种族主义更严重。他将这些地方的国王和公爵赶出宫殿，自己占据了皇室。他逼迫当地士兵加入他的军队，成为军事奴隶。他把税务系统变得更加严苛，因为他觉得这样做会让这些国家一直处于贫穷状态，而这是把帝国从经常性的破产危机中拯救出来的唯一方法。拿破仑认为他的外国臣民永远也不会起来反对他，因为他自己就是他的宣传力量的牺牲品。因为不听取批评，所以他没有明白的是，在试图征服整个欧洲的过程中，他恰恰激起了普罗大众的民族主义。民族主义起初让大革命时期的法国令人生畏，而现在，它在欧洲大陆上蔓延开来。

第五章　欧洲的坟墓

英国人不愿接受拿破仑的征服，不愿让他用一项全面的合约将征服合法化，这也是拿破仑溃败的缘由。在特拉法尔加之后，英国人就自信能够存活下来，或者以某种方式（他们并不确切地知道）让他的系统溃败。以蒸汽和棉花为基础的工业革命蒸蒸日上，金钱正在涌进这个国家，英国人自信可以负担庞大的海军开支，也可以支持任何一股想要站起来反对暴君的力量。同时，他们的海军一直驻扎在帝国的主要港口之外，三百六十五天二十四小时毫不间断，让法国海军在港口里腐烂，并阻止任何到港或离港的商船携带英国禁止走私的物品。

封锁虽然对英国经济的影响很大，但对拿破仑的影响更甚。他认为这不公平，甚至在道义上是极其无礼的。虽然他不习惯从道德角度出发来谈论战争的发动，但他仍认为封锁是无法接受的。他不懂海战，也低估了在漫长的海岸线上保持封锁会对物质和资金的影响，他觉得英国人的这种做法很卑鄙。后来他气愤地说："你们用两个笨拙的小机器，让整条海岸线处于困境，让一个国家宛如周身裹油，无法自然地出汗。"

有时候，拿破仑在制定作战对策时，会让怒气冲昏理智，这次就如此。督政府和领事馆里，人们讨论如何还击英国海军、大面积封锁英国商品，摧毁它的贸易。但直到1806年，拿破仑才决定采取行动。1806年11月21日，他在柏林下了一系列政令，要求在法军占领区和能够影响到的地区禁止购买和使用英国的商品和服务。这些政令在第一和第二米兰法令（1807年11月至12月）中被确定下来，称为大陆体系。

拿破仑经常制定没用的法律，或者发布无效的命令，之后就没了消息。但是他对待大陆体系却异常认真，花费了大量的时间和精力想要让它奏效。然而，这个体系却产生了相反的效果。它导致了大量的走私活动，英国人从中获益，他们深知，如果没有严格的海路控制，大规模的走私是无法被禁止的——而这一次，时刻监视着海岸的海上强国，是站在走私品这边的。另外，拿破仑在内陆部署的军队和警卫，花费不菲又不得人心。甚至在法国也如此，这很大程度上是因为走私贩带来了便宜的英国棉制品以及美国和东方的异域产品，并将法国葡萄酒、白兰地和丝绸走私到了英国。但是至少在法国，一些人，或许大多数人，都看到了这套体系的意义所在。在法国之外，见识过法国帝国主义最糟糕一面的人们认为这套体系既是在毁灭英国的出口，又能促进法国的出口。1810 年拿破仑颁布的《特里亚农法令》加深了人们的这种印象。该法令规定了一套复杂的、明显有利于法国制造者的关税系统，允许在此之下接收一些英国商品。结果是，法国不直接管辖的那些政府虽然处于这套系统中，但是并没有费力去执行该法令。这是拿破仑的自豪感所不能容忍的，这也把他推到了两场灾难性的战争里，一场是与西班牙，另一场与俄国。

拿破仑从来没有在这两个位于欧洲两端的遥远土地上打过仗。西班牙力量弱小，1796 年就归顺法国，出借自己的海军，允许法国军队经过本国境内攻击英国的盟国葡萄牙，因此也进入了大陆体系。拿破仑蔑视西班牙的统治精英、军队力量，以及这个潦倒的国家的所有事情，它一度伟大，现在既衰败又怯懦。同时，他对俄国的评价也不高，他曾在奥斯特里茨毫不费劲儿就打败了他们。但拿破仑缺乏在西班牙和俄国作战的经验，且他最强的天赋——或者说直觉——即他的地理想象力，并没有奏效。这个人盯着地图就可以想象整场战斗，能够详尽到地形上的所有细节，一而再再而三地开始盲目的冒险。这些地图没有告知他这些计划的危险性，或者说，没有把这些传达给拿破仑。拿破仑完全习惯了典型的欧洲本土，那里有高产的农业、密集的贸易路线、宽阔的道路、繁荣的城市、密布的河流、温和的气候。他知道如何让土地提供军队所需要的：食物和饲料、支付工资的钱，以及所有种类的补给。他知道如何迅速打击它的权力中心，强迫对方投降。

相反，西班牙部分程度上在气候、地形、植被、空气、土壤等方面不同于典型的欧洲，而是属于北非的。类似地，俄国的部分领土属于西北亚。两个国家的很多河流通常没有桥，或者没有道路，自给自足的经济无法支撑没有补给的军队，极端的气候在夏天和冬天对没有营地的部队来说很危险。这两个国家都没有各自的政治核心，一旦部分土地被占领，其他部分便会自动被送到侵略者脚下。这两个国家会将军队拖垮。

拿破仑相信，在西班牙这个他眼中正在倒退的国家，他可以建立一个进步的亲法国的政党，就像他曾经在意大利和德国所做的那样，但是这次他没有成功。相反，由法国同盟带来的失败和痛苦，加剧了西班牙的主要财富来源——西班牙拉美帝国——的衰败，造成了残酷的内部斗争和内战的威胁。两派都请拿破仑调停。他把这当作下令公开侵略的正当理由，并于 1808 年 3 月出兵。他轻易拿下了马德里，接着罢黜波旁政权，建立了由他哥哥约瑟夫真正控制的政权。在那不勒斯做国王的约瑟夫，瞬间来到这个曾由查理五世和菲利普二世掌权的地方，这严重挫伤了西班牙人的民族自豪感和尊严。3 月，西班牙发生了类似国家起义的事件：始于马德里，并在约瑟夫 6 月接受王位之后，很快蔓延至全国。在军政府（或者叫政府）的领导下，选出了议会。地方军政府在国家的大部分地方如雨后春笋般冒了出来。约瑟夫只在法国拥有强大军事力量的地区是国王，如果要彻底征服西班牙，则永远需要一支庞大的占领军。

拿破仑从来没有遇到过这样的情况。他遇到的都是奥地利这样的国家：一旦战败，首都沦陷，就寻求和平。普鲁士人在弗里德兰战役之后亦是如此。一座坚不可摧、供给充足且屯兵众多的城堡，一小队法国骑兵就能传檄而定。但是在西班牙，法国投入越多的兵力，遭遇的抵抗就越顽强。在马德里，新任军事总督缪拉有三万人。在葡萄牙，朱诺手下有两万五千人的军队，另外，塔霍河沿岸有两万人，加泰罗尼亚有一万五千人，还有三万后备军在卡斯蒂利亚——一共有十二万人。西班牙军队一次次被打败，然而总体局势并没有改变的迹象。很快，法国军队就没有食物和补给了。所有这些都得从法国运过来，而拿破仑拒绝运送。于是部队从农民那里掠夺食物的漫长过程开始了，他们把农民吊起来折磨他们，强暴他们的妻子，接着就是不可避免地被报复，西班牙人偷偷抓住落单的法军小团体，将他们阉割然后活活烧死。为法国人工作的西班牙人被谋杀，作为报复，侵略者烧毁了整个村庄。在西班牙这座舞台上，上演着战争最恐怖的一面，画家戈雅将这惊人的一幕记录了下来。

拿破仑在 1808 年最后几个月亲自出马。他带上手下最优秀的将领苏尔特、内伊和维克托，以及更大规模的军队。约瑟夫本来觉得必须撤离马德里了，然而拿破仑和四万五千军队却在 12 月初轻松地夺回了对马德里的控制权。他立即发布了一连串政令和改革措施，却如同将种子撒在石头上[①]。他有一个总计划，取得了一些小进展，并帮助军政府在科伦纳打败了约翰·摩尔爵士率领的三万英军，迫使对方撤退。到 1809 年 1 月，拿破仑在

---

① 取自《圣经》，意味"没有结果"。

西班牙已经待了三个月，他感到厌倦，于是宣布问题解决，就班师回朝了。

然而，什么都没有解决。虽然摩尔被杀，但他的部队完好无损。英国人控制着海上，发现如果把陷入困境的军队带上船，将他们投放到海岸线的其他地方，会让事情变得容易。阿瑟·韦尔斯利勋爵（后来是威灵顿）接替了摩尔的职位。韦尔斯利曾在印度崭露头角，于是被同僚和法国人不屑地称为"印度将军"。事实上他很胜任他的工作。他打的是消耗战，目的就是让敌人筋疲力尽。他既支持西班牙军队，又保存了实力。情况不利时他会毫不犹豫地放弃城镇和领土，退回到事先准备好的战线内。他是个防守型的将军。当上天眷顾他时，他完全有能力在做出充分准备后主动出击。与拿破仑不同，他没有什么独家秘籍，也不擅长闪电战。他是耐心作战的典范，满足于一点点积累起来的收获。他意识到这个半岛上的战争将会旷日持久，他的判断是对的：这次战争持续了六年，是那个时期耗时最久的战争。

1809 年 10 月，拿破仑把另外八万人的部队派去了西班牙，此时法国军队在西班牙的总人数达到了二十五万。他指派马塞纳为统帅。1809 年冬天、整个 1810 年，直到

1811 年，马塞纳的策略就是把威灵顿的军队拖入战争，然后摧毁它。但是威灵顿佯攻、闪躲、撤退，偶尔还会打对手一个措手不及。他的军队食物和补给充足，马塞纳的部队却常常挨饿。年轻军校学员在军校里就被谆谆告诫："及时止损。"拿破仑却不明白这个道理。占领西班牙就是个失败的计划，它要么该被另一个完全不同的概念取代，要么该放弃。然而，拿破仑却继续派遣大大小小的增援部队，但其规模并不能带来质的变化。西班牙之于拿破仑，就像越南之于美国，或者阿富汗之于苏联一样。渐渐地，威灵顿的军队壮大起来，且训练有素，他的西班牙帮手也更为可靠，尤其是在英军策应他们的侧翼时。因此，他们对拿破仑根深蒂固的恐惧消失了。威灵顿开始进攻并赢得战斗——积小胜为大胜。拿破仑责怪他的元帅们，事实上，他们所有人都在西班牙尝试过，但全都失败了。不过，尽管拿破仑提出了批评，但他始终拿不出一个新的政策，他自己也没有再去西班牙。

没能在西班牙取得速胜，或者说取得任何决定性的胜利，是拿破仑与俄国再开战端的原因之一。这说明他还充满活力和信心，相信自己的昭昭天命，虽然在欧洲一端的战争失败了，他还是想冒险去欧洲的另一端作战，不过那里更不欢迎他。拿破仑的自尊心受挫是他对俄国开战的另一个原因。他视沙皇亚历山大一世为自己的未竟之事。拿破仑在提尔西特与沙皇达成条约，称他为"朋友"，他从来没有这样称呼过奥地利皇帝或者普鲁士国王。对拿破仑来说，他们的关系过于平等，这不符合他的口味。拿破仑更愿意看到亚历山大一世在军队折戟、皇位不稳的状况下，谦卑地前来求和，就像其他统治者所做的那样。另外，虽然1808年沙皇在埃尔福特确认了与法国结盟，但他侮辱并且贬低了拿破仑，因为他拒绝理会拿破仑希望娶他妹妹的暗示。很明显，沙皇并不认可拿破仑成为"家族"成员。尽管他拥有众多王国且战功显赫，但在罗曼诺夫家族的眼中，他依旧不够资格。所以，皇帝只能娶玛丽·路易丝作权宜之计。最后事情进展很顺利，因为拿破仑从没停止过观察，但他所受的伤害还是可以感受到。地狱里的烈火也不抵被藐视的求爱皇帝的怒火。此外，拿破仑于1807年在普鲁士波兰打造的华沙大公国也是俄法关系紧张的重要原因。名义上华沙大公国由拿破仑的一个傀儡、萨克森国王统治，但实际上是由法国士兵和波兰官员统治的。拿破仑为波兰人描绘了一幅壮大的波兰王国中兴的前景（或许由热罗姆管辖），其中包括大片俄国土地。这激怒了俄国人。这就是地缘政治生活的一个现实，你没法同时与波兰人和俄国人结盟。

不管怎样，最大的分歧点仍在于大陆体系。虽然沙皇承诺履行它，但这可能超出了他的能力。无论如何这都违背了俄国的经济利益。波罗的海的贸易对俄国来说至关重要（在这个程度上说，一切对俄国经济都至关重要），而它已经受到了严重的干扰。勉强算是法国盟友的丹麦在波罗的海与瑞典、挪威和英国做斗争，与法国的结盟最终让丹麦走向破产并拒付一切债务。到1811年，波罗的海的经济下滑显而易见，因此沙皇对拿破仑的抱怨充耳不闻。

1812年初，拿破仑决心发动战争。他没有俄国的完整地图，但是他也不是完全不知道他所要承担的风险。1806年深秋，缪拉和四支法国军队在进入波兰、穿越东欧平原上荒芜而常常无路可走的荒野时，蒙受了重大损失，战士们并非死于战斗，而是疾病和营养不良。与波兰的条件相比，俄国肯定要更差。但是，拿破仑的上一次重大胜利还是1809年夏天的瓦格拉姆战役，因此他急需一件引人注目的大事件来向法国民众证明他还是一个超人，重塑他在欧洲下滑的声望，从而打破因在西班牙付出昂贵代价而陷入的僵局。

拿破仑试图征服俄国，将它纳入大陆体系，不仅要靠法国军队，更要调动全欧洲的力量。他相信，或者说他发自内心地认为，他的改革和法典已经让他的盟国和卫星国受益，故而帝国不仅应该由法国军队来捍卫，更应该由整个欧洲来捍卫和扩张。因此从1812年1月开始，他从德国、意大利、波兰、匈牙利、奥地利、巴伐利亚、荷兰和瑞士等国动员组织了一支具有历史意义的欧洲军。当亚历山大因为没分到华沙公国土地就拒绝完全推行大陆体系时，拿破仑对他的大使咆哮道："你的主人难道没有意识到我有八十万军队？"实际上，他没有那么多，但他可以聚集六十五万。几乎所有的指挥官和关键军官，以及三分之一的将士，都是法国人。

到6月的第四个周末，大批军队准备好了要穿过涅瓦河，进入俄国境内，巨大的宣传攻势打头阵。拿破仑认为军队数量能让俄方畏惧。然而，数量并不会给俄国人留下深刻印象，他们已经有了太多优势：无数的人（或者按他们的说法，叫"灵魂"）、村庄、河流、时高时低的气温、遥远的距离、广袤的森林、沼泽、平原和荒野。

俄国人总能把数字游戏玩到极限。事实上，在俄国人的主场，拿破仑规模庞大的大军团，恰恰是他的弱点所在。拿破仑的军队一字排开，长度在五十千米至一百千米，很容易暴露。拿破仑在德国的战斗形成了一种行军部署形式，整个军队呈正方形前进，可攻可守。它被称为"战斗方阵"（bataillon carré），但这在俄国是行不通的。它的移动更像是一支缓慢的箭，军队用了八天时间才通过了指定地点。仅是补给线就延伸了十几千米，其中有三万五千辆货车、备用马匹、用于屠宰的牛、军官的马车、救护车、随军流动的平民，以及往回运送战利品的车辆。还有九百五十门炮和绵延五千米的弹药车。拿破仑的宣传机器夸耀称补给车上有三千万升以上的葡萄酒和白兰地。是否有这么多成了一个谜：烈酒一定消耗得很快。

拿破仑从来没有指挥过阵形如此笨重的军队。从表面上看，这是后勤技能的奇迹；但在实际中，实在是太大、太分散了。皇帝的计划是在俄国的两支军队间迅速移动，打败其中一支或两支，然后继续向莫斯科方向进攻。他盘算着，战败的沙皇会走向他的谈判桌，如果还不行，莫斯科沦陷也会让他无奈投降。但是自始至终，沙皇几乎毫无作为，任由拿破仑的军队缓慢前行。拿破仑把这次入侵看作南方攻克北方的一次努力，因为拿破仑认为自己来自南方的地中海，与欧洲北部的大平原相对。他为自己有限的历史知识感到焦虑，因为历史告诉他，通常是北方征服南方。但这个想法是错的，事实上，这次军事行动是西方侵略东方。俄国的大平原在夏天的时候炙热、缺水，所以庞大军队第一个始料未及的敌人就是炎热，随之而来的是口渴、水质欠佳而带来的疾病，到夏末，军队的有效兵力缩减了一半，开始了致命的杀马策略。行军变成了长途跋涉，大量的补给被丢在了仓库。但是就像在西班牙一样，他们没有办法贿赂农民或者掠夺农民的食物来为行进的军队补充口粮，折磨他们也不管用，他们焚烧了庄稼，而且一有可能就烧死落单的军人。

直到9月第一个周末，在接近十二个星期的行军之后，拿破仑才设法打响了第一场他计划的大仗。俄国指挥官库图佐夫有七万的步兵部队，两万五千名骑兵，以及哥萨克人等非正规军，还有六百门炮。他在通向莫斯科路上的博罗季诺村修建了坚固的要塞，但仍在首都西南方八十多英里处。拿破仑从斯摩棱斯克出发，带领十六万士兵和五百五十多门炮逐渐推进，但当到达开战地点时，军队的人数已经少了很多。战斗在9月5日打响时，仍然是一个晴朗的夏天，拿破仑明白他的元帅们害怕冬天来临，于是告诉他们："先生们，这里有奥斯特里茨的太阳！"他和他们都记得在那场恶仗中，他曾诱使大批俄军进入他计划的路线，太阳是如何在冬日迷雾中照射过来的。但是当时那些俄国人离家上千英里远，在一个陌生的国度战斗，也不清楚战争的目的。而现在他们是在保卫自己的家园。战斗发生在9月7日，从早上六点到晚上六点。俄军第二天黎明就秩序井然地撤退了。从技术上说，这是拿破仑的胜利，但是两方都损失巨大：四万俄国人，法国人这边也许多达五万。拿破仑无法像俄国人一样轻易弥补损失，更不用说拿破仑的火炮所消耗的巨量弹药了，它们几乎都在俄国人一整天的还击中燃烧殆尽。

在这次代价高昂的遭遇之后，通向莫斯科的路打通了，俄国人撤离了莫斯科。拿破仑在9月14日进城，第二天，莫斯科总督罗斯托普钦下令烧掉屋子，它们大部分是木质的。四分之三的城市都被毁掉了，只剩下了克里姆林宫，法国士兵将其洗劫一空。那里留下了很多烈酒，却几乎没有食物，在痛饮和掠夺的过程中，法国士兵把有价值的马杀掉充饥。拿破仑感到恶心，他越来越焦虑地等待沙皇的投降，但是沙皇再一次什么也没有做。他也没有理会拿破仑的个人信件和两名法国谈判代表。到了10月中旬，拿破仑意识到大雪即将到来，而他没法确保可以在冬天离开莫斯科。他觉得没有选择了，必须回到斯摩棱斯克，或者更远的地方。

拿破仑让部队在10月19日离开莫斯科。但在此时，部队只剩九万五千人，大部分马都死了。俄国人开始集中兵力反击，到11月3日，他们歼灭了路易–尼古拉·达武的殿后军。深受重创的拿破仑在11月9日到达斯摩棱斯克，发现仓库里的大部分食物已经被三万饥肠辘辘的落伍兵吃掉了。三天后当他离开这座城市时，他的军队只剩四万人了。雪下了起来，撤退变成了溃败，实际上，所有掠夺来的东西都必须被放弃。军队们现在不得不跨过好几条宽广的大河，其中一些河上的桥已经被摧毁了。拿破仑设法让军队在11月29日之前穿过贝尔齐纳河，其间又损失了两万人，几天之后，他受够了这一切。12月5日，他告诉他的指挥官们他将尽快赶回巴黎，以稳定政权。指挥官们不动声色地听从了这个决定。缪拉被留下来担任总指挥。

应该说，虽然按拿破仑设定的标准来看，从莫斯科撤退既可怕又可耻——两万伤员被故意丢在了后面，俄国俘虏了超过二十万的战俘，其中很少有人能重新回到家园——但还不是完全混乱。俄国农民展开了全面的报复，但是俄国军队并不想打一场无谓的战斗，总的来说，他们决定让冬天去发挥它的威力。大军团的殿后部队在12月14日跨过尼曼河，井然有序地撤退。司令官内伊是最后一个离开俄国的人（他与拿破仑的继子博阿尔内，是这场灾难中仅有的提高了声望的高级军官）。两天之后，皇帝臭名昭著的第二十九号公告出现在官方的《通报》上。公告将失败归咎于"过早到来"的冬天，认为"残酷的天灾"压垮了大军团。

与此同时，拿破仑自己幸运地从来回巡逻的游击队员的眼皮下逃脱。他与路易·科兰库尔一起搭乘一个马拉雪橇，科兰库尔是皇帝的管家头子，一个可信的人，曾组织暗杀了昂吉安。翻译、马穆鲁克保镖鲁斯塔姆，以及五位仆从和副手搭乘其他两个雪橇。他们在雪橇上待了五天，在零下二十五摄氏度的天气里几乎被冻死。拿破仑拿了科兰库尔的皮衣，不停地说话以保暖，排练着他的借口。他所有的长篇激情演说都以诅咒英国人结束：

"但对他们来说，我原本应该是带来和平的人。"在他到达华沙，接见了被灾难吓到的波兰权贵时，他已经准备好了俏皮话："从崇高到荒谬只有一步之遥。"（伏尔泰语）他在三小时的演说里重复讲了好几次。低三下四的权贵默默地听取了他的演讲，这让他感到安心。他匆匆搭乘雪橇起程，然后转乘轻便马车和大马车进入德国。这伙人用坏了一辆车的轴，换上另外一个，一整天的时间里只休息一个小时。他们在一个德国小镇短暂地停了一下，拿破仑向邮政局长询问此地为何处，得到"波恩"的回答后，他大声说："向歌特（歌德）先生转达我的敬意。"然后继续嘎嘎上路了。经过十三天的旅程，他们在12月18日前到达了巴黎杜伊勒里宫殿。

第二天，拿破仑伏案工作了十五个小时，向帝国各地发送信件，但传回来的却是不利的消息。12月25日，普鲁士退出法国联盟，不久便向俄国军队表达友善。一支军队实际上已经合力逼迫法国人从德国撤军。1813年3月，普鲁士对拿破仑宣战。下一个背弃同盟的是教皇，他公开放弃了与法国之间的契约。西班牙方面传来的消息越来越坏。威灵顿现在有一支令人印象深刻的军队，将士们作战经验丰富，他还控制了西班牙军队。这两支军队加起来，再加上游击队，正威胁着要把法国人全部赶出西班牙，然后入侵法国。法国在意大利的地位开始瓦解，拿破仑不信任缪拉（已经回了那不勒斯），他看出缪拉会为了保住自己的王国而倒戈。在拿破仑看来最糟的是他的岳父，诡计多端的神圣罗马帝国皇帝弗朗茨二世。他口头上说站在法国同盟的身边，但很快就重新武装了。为谁呢？他宣称是为了能够有效地调解普鲁士和法国之间的关系。但是他拒绝与拿破仑直接沟通，所有的事情都要通过他的外交部长梅特涅来传达。这个高个儿、金发、玩弄女人（他与拿破仑的妹妹卡洛琳有一腿）的奥地利人反感法国，像塔列朗一样信奉欧洲权力均势。当说到"与梅特涅沟通"时，弗朗茨实际上是在建议"在你还有讨价还价能力的时候订立和约"。

但当拿破仑一回到巴黎，有关俄国大雪的记忆瞬间消失，他的乐观又占了上风。在回到巴黎的第二天，他开始组建一支新的军队，号召年轻人加入，从剩下的帝国各处紧急召回关键人物和部队。1813 年 4 月在莱比锡，他又一次骑着马作为"部队先锋"（[tête d'armée]，他最爱说的话）。他看上去很胖，肚子又大，年纪渐长，但是非常自信，他骄傲地发号施令。法国人中开始说"他看上去还不错！"。在吕岑，他对普鲁士的将军格布吕歇尔来了个突然的反击，自己带着年轻近卫队出击。将普鲁士人赶到易北河，然后又在包岑再一次打败了他们，将他们逼退到奥德河对岸。然后他回去找梅特涅。6月26日，梅特涅在位于法国卫星国萨克森的首府德累斯顿的宫殿与拿破仑会面。会面持续了九个小时，不是拿破仑喜欢的那种。他既得听，又得讲。他为胜利而激动，但发现梅特涅既固执又心存怀疑。为了让奥地利保持中立，他被告知，他不仅必须交出他准备好的伊利里亚，还需交出伦巴第和许多其他地盘。为了与普鲁士和解，法国必须退到莱茵河对岸，等等。拿破仑非常愤怒，气得将帽子扔到房子的一角。答应这种条件，无异于解散帝国，放弃他毕生努力的成果。事实上，梅特涅的合约，如果是在六个月之后提出，拿破仑会欣然接受的。但是在这一天到来之前，很多人会变为尸体。皇帝不愿面对现实，这让梅特涅感到震惊，于是问他，他是否真的想要和平——将士的生命对他来说意味着什么？拿破仑告诉他，比起接受如此耻辱的条件，他更愿意牺牲一百万人。梅特涅回复说："陛下，您迷失了。"会谈结束了。

拿破仑没有意识到，但梅特涅却明白，在德语世界里正在发生的历史性的变化，改变了整个欧洲的局势。拿破仑希望借改革之名来扩张国土，消灭古老的神圣罗马帝国，然后用法国主导的加洛林王朝（像他认为的那样）取代它。结果就是经典的卡尔·波普尔的"非预期后果法则"。对于拿破仑来说，毁掉神圣罗马帝国，似乎并不比除掉梵蒂冈的寡头或者撤换马耳他骑士更重要，这不过是把一个中世纪古物扔进历史的垃圾箱里而已。事实上，神圣罗马帝国拥有这样一个角色：它既强调日耳曼文化统一性，又不容易形成政治军事统一体。普鲁士是日耳曼民族中最大的一股力量，但奥地利靠着继承的日耳曼王位，与它平起平坐，自然也要保护弱小一些的日耳曼国家。因此，力量平衡又有多样性。有责任心的日耳曼思想家们想要保持这样的局面，他们认为普鲁士和奥地利之间的平衡，以及其他日耳曼文化中心的存在，对欧洲音乐、绘画、教育和哲学的发展都有好处。日耳曼带给欧洲的礼物是文化，而不是权力。另一方面，如果日耳曼国家团结起来，它会比它的邻居更可怕、更令人生畏，也会不可避免地寻求统治整个欧洲。19 世纪末 20 世纪初发生的事情印证了他们的想法。

　　拿破仑在这个过程中成了引爆点。经过奥斯特里茨和耶拿战役，普鲁士军队温顺地投降后，他就开始藐视日耳曼人了。他在日耳曼驻军，扶持傀儡统治者，高兴的时候，就占据皇家宫殿，让日耳曼的国王、公爵们像仆人一样在他面前列队行进。他征召他们的军队为他的计划提供一次性的人力劳动。他的幕僚在日耳曼人的大学里施展影响，宣扬带有强烈古典品位和镀金罗马风格的法国文化，将它们作为唯一可以接受的艺术表达形式。他的傀儡政权对出版业和书籍进行法式审查。

政治和军事方面的反应来得慢一些，但在俄国的遭遇被公开之后，这一切变得更有威力，同时伴随着根深蒂固又具有颠覆性的文化影响。18世纪末期，德国思想和文学的狂飙突进是欧洲历史上的决定性事件。柯勒律治是最早认识到它的重要性的人之一，他将好消息带到了英格兰。他觉得强行推行外来的法国文化会让德国的创造性被压制，并带来灾难性的后果，这也是他憎恨拿破仑、将他视为人类精神创造力的敌人的原因之一。斯塔尔夫人也考察了德国的新现象，为这种思潮的丰富和深度所折服。她专门写了一本书记述这一切，虽然拿破仑不会让它在法国出版，但它还是印了出来，并得到广泛传播，很快，这个好消息也传到了巴黎。

年轻的拿破仑曾被看作浪漫的人，但那是对这个干练瘦削的年轻人的外在印象。成熟的拿破仑，肥胖又专断，会夸耀自己的理性，偏好罗马品位和帝王风格，并在他的士兵们举着刺刀所到达的所有地方复制着这种偏好。他的喜好越来越被知识分子们认为是陈旧的古典主义且时日无多，他的暴政带来了浪漫主义的黎明，而他教条式的喜好则被看作是这种浪漫主义的无法调和的对手。这就是年轻奇才维克多·雨果憎恨他的原因。让这位年轻人着迷的新思想来自北方——这也是这种新思想首先在英国和德国扎根的原因。它是中世纪的，是哥特式的。它既属于基督教，也属于异教徒。它源于民众、传说、精神的超自然理论、盎格鲁－撒克逊的律法，而不是拿破仑法典。它在黑暗而无法穿越的森林中与狼熊为伴，而不是在阳光灿烂的南方。

德国的知识分子、作家和艺术家被这种思潮影响，成为最先反对拿破仑的人。罗马、德国的艺术界在规模上仅次于法国艺术界，它们在 1805 年至 1815 年间，成为激烈的反法地区。德国画家们采取了一种反拿破仑式的图像学。十年来，拿破仑自己曾花费数百万打造自己的形象。举个例子，拿破仑试图抹去雅法大屠杀的印记，于是在法国艺术家中举办了一次比赛，让人从一个更英雄主义的角度来描绘他。最后，格罗的画作《拿破仑探望雅法的鼠疫病人》最引人注目，表现了年轻的将军无惧传染病的危险，安慰患病的将士和平民。这是一次巨大的成功，这幅画作也在很长一段时间里成了举国闻名的画作之一。

现在德国人反其道而行之，在大众中宣扬哥特风格，反对古典主义，抨击拿破仑的画像。憎恨拿破仑的卡斯帕·大卫·弗里德里希是反对态度最激烈的哥特派画家之一，他擅长画大雪或薄雾，象征着德国的神秘主义和基督精神在高卢理性主义中苏醒。德国的浪漫派画家都加入其中，描绘猎兵（Jäger）——他们是被召来打击法国军队的志愿分队，像有组织的游击队一样。他们穿着绿色军装，后来在战斗中身亡的弗里德里希·冯·布里肯上校就是其中之一。在弗里德里希最著名的画作《雾海上的流浪者》中，身着绿色军装的就是布里肯上校。这幅画是对他的纪念，展示他在拿破仑压迫下的令人窒息的乌烟瘴气中所表现出来的勇敢。

现在到了编年史的一个重要节点。拿破仑的传记作家们通常将他最后的失败归咎于年龄：注意力下降、身体状况恶化、体重增加、劳累，以及心智的衰退。这些确实有道理，不过法国军队也在慢慢地、无法逆转地衰败下去。许多经验丰富的年轻军官和士官，本来可以训练更多新兵，但都死在了俄国，二十万匹良马也被丢在那里。从那以后，拿破仑总是抱怨没有足够的骑兵，或者骑兵素质太差。

这些是拿破仑显现颓势的物质方面的原因。除此以外，还有形而上的原因，包括思想、文化、精神等各个维度。他曾是那个"时代已经到来"的人。18世纪90年代下半期，在整个欧洲范围内，拿破仑是旧正统派反对者的化身，他反对后者的低效、特权、蒙昧主义和奢靡，为年轻的才俊所景仰。因此他发迹变泰，无往而不利。到了1813年，他却大势已去。他的时代已经过去了。同为法国人的批评家夏多布里昂决定拥抱新的浪漫主义，写下《基督教真谛》，捕捉了新时代的精神，对法国和欧洲思想产生了巨大的影响。宗教的反叛开始了，这也是拿破仑这样世俗的人——如果有世俗的人的话——既不理解也不想要的。1813年，不管走到哪里，都在反对法国皇帝——瓦尔特·司各特风靡整个大陆的畅销小说和诗歌，因拿破仑背叛理想而狂怒的贝多芬的交响乐，每一个被拿破仑的军队伤害的人都喜爱的戈雅的蚀刻画。拿破仑不明白，一切都变了，他还在不停地四处叫嚣，谋划着改善人类的计划。但他是个年迈的人了，时代打算把他扫入冒着青烟的历史垃圾堆，同他做伴的还有威尼斯总督、马耳他的首领，以及神圣罗马帝国的皇帝。

同时，"非预期后果法则"还在起作用。德国战争开始了，拿破仑4月份首战两捷，战斗接着打了六个月，其间不时休整，还有一次休战。在德国及周边，拿破仑的队伍逐渐庞大起来，主力部队大约有四十五万士兵，另外还有二十二万预备队。但是他永远缺少骑兵，以击溃德军。他的很多步兵训练不够，无法实施复杂的战斗策略。相反，激烈反对拿破仑的普鲁士总参谋格尔哈德·沙恩霍斯特进行了重要的改革，使普鲁士军队日益强大。虽然拿破仑在吕岑杀掉了这名优秀的组织者，但是很快顶替上来的奥古斯都·威廉·格奈森瑙同样有谋略，他帮助布吕歇尔元帅成为了非常成功的战斗司令官，还将普鲁士军队打造成欧洲最有威慑力的军队，这个头衔一直保持到了1945年。

可以说，的确从1813年开始，法国自17世纪40年代以来就保持的欧洲最高军事地位，逐渐让位于日耳曼。

回顾这段历史，显然拿破仑应该在4月和5月的两次胜利之后立即停战，这样的话，兴许还能得到比梅特涅开出的更好的条件。事实上，在同年组建的第六次反法联盟中，拿破仑面对着比以往更为可怕的军队。他之前总是说，如果不考虑英国，他可以在任何时候打败三巨头（普鲁士、俄国和奥地利）中的两个。如果他同时面对三巨头，结果可就拿不准了。而现在，当奥地利在8月对他宣战的时候，他面对的不仅是三巨头，还有瑞典。此外，盟友巴伐利亚倒戈，他最可怜的傀儡萨克森公国也被敌军占领了。他现在实际上是在和一个团结起来的德国在战斗，德国正在经历一波强烈的民族主义浪潮，这使得格尔哈德·沙恩霍斯特的改革更加有效，甚至鼓舞了奥地利人以从未有过的方式去战斗。从数量上来看，拿破仑有时还占优势，但从质量上看，敌军第一次占了上风。就像威灵顿后来观察到的，拿破仑不擅防守，也不会打防御性的战役了。如果他能够做到防守，原本还有可能与第六次反法联盟耗到筋疲力尽，签下和约，这样就不会有敌军踏上法国本土。但最终他还是决心遵从直觉，任由整场战争范围日益扩大，从而忽略了盟军实力日增，而自己的损失无法弥补的事实。

结果就是 1813 年 10 月 16 日至 19 日的莱比锡战役，
参战的士兵人数比 1792 年至 1815 年中任何一场战役的
人数都要多。拿破仑在城外有十八万人，另有两万预备
队。奥地利、普鲁士、俄国和瑞典以及其他方面共有
三十五万大军，还有更多军队在赶来的路上。这场战役
被称作"万国之战"，这个令人忧虑的短语，意味着拿破
仑在欧洲的所作所为促成了一种不仅涉及职业军人，更
使全民参与的新型战争形式——全面战争。超过半数军
人是应征入伍的。在消耗战中，没有什么特别的策略或
者战术，城市的周围变成了杀戮的战场，整场战争伤亡
接近十万人。拿破仑被迫撤退，并放弃了两万俘虏，还
有在激战中逃到敌军阵营的五千人。他留下了驻守在德
国各地的十万法国士兵，他们全部被迫无条件投降。

　　帝国在军事溃败中瓦解，而拿破仑现在不得不破例
在法国领土上战斗。也是在这时候，法国民众开始坚决
地反对他。法国人曾为拿破仑鼓掌欢呼，其中重要的原
因是他让被征服者为他的帝国出钱出人，组建军队。但
是那种日子已经过去了，如果要继续任何战斗，全部人
力和费用都必须由法国自行承担。在 1812 年至 1813 年，
拿破仑的军队中战死、受伤、被俘虏以及失踪的士兵，

就有约一百万人。其中一半是法国人。而现在德国人和俄国人越过法国边境，由掠夺成性的哥萨克骑兵中队带领进入法国，原先所有士兵的牺牲都白费了。法国人曾经在别人家园里掠夺、强暴、杀戮，现在这些暴行一样不缺地落到他们自己头上。法国人现在和德国人、意大利人、俄国人、西班牙人以及其他民族一样面对着战争的恐怖。法国人不喜欢这一切，他们畏缩了。威灵顿从西班牙突围，绕开比利牛斯山，进入法国。他的对手苏尔特大概放弃了挣扎，不发一枪就宣布投降。在瑞士，法国人和他们的傀儡政府没有抵抗奥地利。英国人和他们的盟友占领了荷兰，进而进入比利时。对日耳曼全线不保，主要的法国边境堡垒都投降或者被放弃。保皇党开始在法国各处出现，而塔列朗和那些与他想法一致的人们开始谋划争取尽可能好的条件。

在 1813 年 10 月的莱比锡之战和 1814 年 4 月退位之间，拿破仑的所作所为都没起什么作用。他首先拒绝了同盟军以 1799 年边界为准的划界提议，然后是 1792 年的老边界，这两个提议原本都可能给他一个继续当统治者的真正机会。1814 年 1 月，他又组建了一支军队，但是这支军队已经无法在一场大战斗中打败盟军，而在军事上取得胜利又是他唯一能够拯救自己的方法。他的军队从来没超过七万人，而向巴黎进发的盟军则超过五十万人，如果需要，人数还可以更多。拿破仑曾经成功地在战争中玩数字游戏，不断提高赌注，而现在，运气离他而去。他能做的只是小范围地使用他的老战术——打击落单的盟军部队。他很擅长这样的出击，1814年冬天和早春的战斗都是有效运用劣势军力的经典战例。所谓的六日战役（2月9日至14日）共导致普鲁士两万士兵伤亡，他随后又取得了几次小规模战役的胜利。但是它们的战略意义并不比纳粹在1944年底在阿登的胜利更大。它们仅仅是让布吕歇尔和其他指挥官更谨慎，也让他们稳步组建力量和有效地占领法国。拿破仑在3月13日赢得了最后一场对普鲁士落单军团的胜利。两个星期之后，他绝望地放弃了战斗，回到巴黎。而此时他的军官们或投降或叛逃，到月底时，再也不可能保卫首都了。皇后玛丽·路易丝、他的儿子罗马王，以及名义上执掌着帝国政府的约瑟夫，都匆匆离去。约十三万盟军军队进入首都，而塔列朗作为皇帝内侍副手，正式宣布帝国解体，着手准备皇室复辟。拿破仑尝试最后在枫丹白露集结军队，但余下的元帅们都拒绝跟随他。4月6日，他正式从法国和意大利的王位退位，并接受了给他的厄尔巴小王国，4 月 28 日搭乘英国战舰去往这座小岛。这项伟大的事业迎来了忧伤且混乱的结局，许多人认为拿破仑本应该继续坚持战斗，比如拜伦。拿破仑把法国的民族主义提升到了一个非常高的程度，但是在这个过程中，他也唤醒了其他民族的民族主义，他们集结起来，推翻了他和他的国家。表演失败的魔术师本应黯然离场，而拿破仑仍然有继续演出的幻想，他对战斗的胃口丝毫没有减弱。所以，最后等着他和他的追随者的，只有一声濒死的长长叹息。

第六章 厄尔巴和滑铁卢

1814 年 5 月 4 日，皇家海军护卫舰"勇敢号"护送拿破仑到达厄尔巴岛。同盟军拒绝拿破仑将皇位传给他的儿子罗马王的要求。相反，断头国王的兄弟路易十八复辟了波旁王朝，在拿破仑到达厄尔巴的当天进入巴黎。整个事情由塔列朗安排，他现在与梅特涅、俄国外交部长卡尔·罗伯特·涅谢尔罗迭，以及三位君主，尤其是沙皇（他曾在到访巴黎时下榻塔列朗府邸）关系密切。拿破仑将塔列朗的行为视为背叛，但是这只老狐狸可以回答说他更为重视法国的利益，而非效忠于某人，不像拿破仑把法国的利益定义为自己的利益。在拿破仑的独裁统治瓦解之后，欧洲重新洗牌，法国能马上在其中立足，成为与英国、普鲁士、奥地利、俄国并列的五大强国之一，塔列朗的圆滑和狡诈在其中起到了很大的作用。

为了安抚拿破仑，塔列朗任命他为厄尔巴岛的实际管理者，受同盟军监管。他的官方称谓为"厄尔巴的皇帝和统治者"。这当然是一个玩笑，带有塔列朗狡黠的幽默感。拿破仑没有意识到这一点，他在护卫舰上做的其中一件事就是为他小小的领土设计了一面新的旗帜。他从欧洲被下放到厄尔巴，他那"从崇高变为荒谬"的箴言，也一语成谶。他曾统治半个大陆，拥有八千万人，而现在却是一个距离意大利海岸线七英里的小岛之主，这座岛长十九英里，宽七英里，面积一百四十平方英里，据说人口有十万，但在 19 世纪末的时候，只有两万五千多人。16 世纪末，这座岛被佛罗伦萨的科西莫一世占领。他建造了该岛的首都，命名为科西莫波利斯（Cosmopolis）①，但后来却以费拉约港（Portoferraio）的名字广为人知。拿破仑无心恢复其辉煌的旧称，也没有狂妄地将其更名为拿破仑波利斯。拿破仑在首都有他的主要宫殿，在外面有他的别墅，在岛上还有其他房产，其中包括一家建在三千四百四十英尺的高山上的古老修道院。此后不久，他就与前来探访的波兰情妇玛利亚·瓦勒夫斯基伯爵夫人生活在一起，她还带来了他们的金发儿子亚历山大。她比玛丽·路易丝对他更为忠诚。玛丽·路易丝拒绝来这座岛，而且很快（由于梅特涅的计谋）找到了一个情人，也就是她的副官冯·奈佩格伯爵将军（就像摄政王疏远的妻子卡洛琳和她的管家一样），拿破仑对此不置一词。但在到达厄尔巴后不久得知约瑟芬的死讯时，他说道："现在她开心了。"他高兴地接来了他的母亲，

———————

① 意同现在英语中的"大都会"。

六十多岁的莱蒂齐亚；对于这"突如其来的灾难"，她的态度是："我告诉过你了！"她总是把他的辉煌看作是童话里的金子，评论说："好啊，要是它能持久就好了。"他的妹妹宝琳娜也来了，帮他操持家务、举办假面舞会和一些意大利式的活动，拿破仑通常会习惯性地控制她的开销，当然也是因为他再也没有花不完的钱了，这是十五年来头一次。

一共有六百名卫队士兵和包括波兰枪骑兵在内的四百名其他士兵跟着他，他拥有一个小小的朝廷和精干的行政机构。厄尔巴岛自古就有的铁矿和渔场每年能带来二十五万法郎的收益。拿破仑在枫丹白露老宫签下了条约，约定法国政府每年要向他支付二百万法郎，后来增加了他母亲和宝琳娜的给养费。拿破仑拥有的财富，不是谣传的七百万法郎，而是四百万法郎左右，他希望将其作为储备金。军队、行政机构、宫廷每年的花销就要一百五十万法郎。如果法国政府遵守约定的话，这完全没问题，但它悄悄地拒绝支付。所以几乎从一开始，拿破仑就在为钱焦虑不安。全欧洲遍布着怀恨在心的敌人们，尤其是保皇党们，他害怕这些人来杀掉他。他需要至少一万士兵来打退可能的进攻。他开始省吃俭用、变卖家产，以防走上裁军之路。波旁王朝这般吝啬，不仅不正义，还（如同塔列朗可能会说的）犯下错误。如果拿破仑拿到足够的给养金，他可能就会在厄尔巴终老，和他的小军队自娱自乐。而恐惧则是他寻求复出的最强烈的动机。

另一个动机是烦闷。拿破仑现在大腹便便，有时候昏昏欲睡，但看起来还是比大部分人都要精神。他喜欢大修大建，就像他喜欢战斗一样。他开始重建主宫，主宫曾经是一个磨坊。他在花园里劳作。他把行政体系从头到尾改革了一遍。他着手改良铁矿、道路、桥梁和港口；提倡农业改革、公共指导和科学调查。这些工作耗时又耗财，他虽然有大把的时间，但他的钱却不多。拿破仑很少把钱花在自己身上，但对其他人，或者对他上心的事情，他慷慨又铺张。如果波旁政权付了钱，为"改良"投入几百万法郎，拿破仑就可以快乐地忙碌这一切，就不会因为要复仇而劳民伤财。事实上，不耐烦的拿破仑发现，所有廉价的改革在几个月内就完成了，而要将他的岛变成一个现代王国，则需要更多的金钱。他变得痛苦、烦躁又急着复仇。英国上流社会以及许多中产阶级中的好事者，在多年孤立之后重拾"大环游"[①]，这更让拿破仑气不打一处来。他们涌进佛罗伦萨等地，离厄尔巴岛和它的笼中怪物只有一步之遥。约有六十名英国游客来到岛上，他们惊呆了。如果有幸被引见，他们就会发现失意的皇帝既亲切又有见识，虽然他像往常一样，不停地问问题。但在亲切的背后，拿破仑觉得在光天化日下受到了羞辱。当他是"部队先锋"时，他喜欢成为人群中的焦点——他从不故作谦虚——但不是作为游客的猎奇对象。

拿破仑决定返回巴黎的第三个动机是复辟的波旁王朝没能与法国人民建立融洽的关系。就像塔列朗所说的，"他们什么也没忘记，什么也没学到。"公平地说，路易十八其实也没有做错什么事。但他又老又胖（威灵顿说，将嘉德勋章固定在他粗壮的小腿上，就好像握住了一个年轻男子的腰部），为人贪婪固执。他在第一次大阅兵中摔倒，但拒绝别人扶他起来，只等待皇室礼节指定的搀扶他的高级官员到来。因此，哪怕是战败的皇帝，与他也一下形成了鲜明的对比。同样重要的是战后的经济衰

---

① 大环游（Grand Tour），特指 17—18 世纪英国贵族子弟在欧洲各主要城市的长途旅行，热门目的地常为意大利、法国、荷兰、德国和瑞士等。

退，几乎影响到了所有交战国，英国人也比过去二十年中的任何时候更接近叛乱。法国的工业产值占比很小，经济状况不太严峻，但它的确引发了普遍的问题。拿破仑可以自由接收信件，接待法国来的访客，人们都（如他宣称）敦促他回法国，将法国从令人讨厌的人手中解救出来。当然，他夸大了这种让政府下台的愿望。大量的证据显示，对于大部分法国人来说，对拿破仑的崇拜已经被永远地打碎了，就像对皇室的崇拜在 18 世纪 90 年代早期被打碎那样。他们留下了一个冷漠的真空，需要精力充沛、动力十足的人来填充。符合要求的就是原先的士兵们。在皇帝当政时，他们做得非常好。而现在很多人没了工作，更糟的是，他们失去了生活的目标。而拿破仑听得最多的，自然也是这群人的话。他们的恳求劝服了他，他没有其他选择，只想再一次成为法国的"救世主"。在拿破仑看来，恐惧和无聊因命运携手走到了一起。

拿破仑似乎最终决定在 1815 年 2 月 15 日回到法国，接着他开始准备远征军。如果想要事情成功，就得快速行动。波旁王朝正在重建军队，并替换掉拿破仑部队原来的指挥官，换上他们自己的人。每过一个月，军队就更加支持保皇党一分。这时，拿破仑再一次得知英国与美国在 1814 年圣诞夜停战的消息，停战就意味着英国海军大量的资源，跟随威灵顿那些烧过华盛顿的半岛老兵，很快就要重返欧洲的舞台。一道更强大的英国海军屏障将会使他无法远征回国。1815 年 2 月 26 日他从厄尔巴登上了一艘护卫舰，由六艘运输船随行，带着他的六百名卫兵、一百名波兰枪骑兵、价值一百万法郎的金子、大量的军需品、四门炮和三名将军。他采取了大量措施保证行动机密，制造他去那不勒斯的假象（这起初是为了欺骗梅特涅的，他一开始就得到了拿破仑从厄尔巴消失的消息）。这支小舰队在三天后抵达昂蒂布，军队上岸没有遇到抵抗。

到此时为止，拿破仑的计划完全做到了出其不意，他继续保持了一段时间的主动权。确实，他的这场最后的战役中，所有的开场行动都体现了他的作战特点——尽可能地——出乎意料、大胆、速度快。从戛纳开始，他绕路阿尔卑斯到达格勒诺布尔，避开了马赛，因为那里的保皇党守兵由马塞纳控制，而马塞纳已经与他永远决裂了。在格勒诺布尔往南十五英里的拉弗雷，拿破仑发现前行的道路被第五兵团的步兵营挡住了。于是，他开始了他令人赞叹的表演。他让军乐队奏马赛曲，一个人骑向步兵营。当到达他们的射程之内时，他下马步行。在到达双方都能听到他讲话的地方，他停了下来，敞开军大衣，喊道："我是拿破仑，你们的皇帝，只要你们愿意，你们可以杀了我。"一阵沉默之后，他撒了个大谎。"巴黎政府里四十五位最有智慧的人将我从厄尔巴召唤回来，以将法国领回正途。我的回归是由欧洲三大力量支持的。"然后是另一阵沉默，接着，一个声音喊起来："皇帝万岁！"士兵们不顾等级，走向拿破仑，听候命令。这次叛变的消息传到巴黎，引起了雅各宾派的骚乱和政府部长们的恐慌，也引发了很多支持拿破仑的高涨情绪。当拿破仑到达格勒诺布尔时，民众将他作为皇帝来欢迎，虽然不是所有民众，远远不是，但已有了足够多的民众将他奉上神坛。部分正规军也在他回巴黎的路上逐渐加入，尤其是 3 月 14 日在欧塞尔，奉命率领骑兵逮捕拿破仑，还保证"将他关在铁笼里带回来"的内伊元帅也归顺了他。波旁王朝的神经最终在 3 月 19 日崩溃，人们纷纷逃往根特。次日，拿破仑兵不血刃地进入巴黎。

本来这场绝望的冒险注定以耻辱的失败而告终，却最终取得了令人振奋的成果，甚至比乐观的拿破仑本人所期望的还要好。但是在另一方面，也有许多戏剧性的变化。拿破仑已经非常习惯于和勉强结成的反法同盟打交道，这些同盟组建匆忙，行动缓慢，各怀鬼胎。他们的军队在集结时尤其缓慢，来自不同国家的指挥官在策略上总是争论不停，常常吵架。但是，他的老对手们已经有了很大的变化。他们现在带领的是一群斗志昂扬的民族主义者，像二十年前的法国一样。他们认为拿破仑是战争的根源，而战争摧毁了他们的国家，夺走了他们的父亲、兄弟、儿子，现在，他这个无可救药的和平之敌再一次出现了。这不是一个需要解释的复杂外交博弈，而是一个显而易见的真相，基本上已成为公认的事实。所以，莱比锡之战这场伟大的国家战争并不够！还需要更多的努力，才能将这个暴君幽灵送入地下。那么，来吧！欧洲君王们和他们的谋士在维也纳召开会议，他们本已重新划分了欧洲版图，在许多有争议的问题上达成了一致。这是第一次，他们可以被称为一个团队。当拿破仑回到巴黎的消息传到他们那里时——现在对消息是如何走漏、谁最先获得这个情报的问题上还有争议——这些统治者全部在数小时内集结起来，他们的反应及时且一致。他们无法接受正在发生的一切，这对欧洲的和平也是致命的冲击。他们宣布拿破仑不合法，下令并且立即采取军事行动来逮捕他。欧洲国家的反应速度，第一次赶上拿破仑自己的速度了，而欧洲国家的到来也必将令他惊诧不已。第七次（也是最后一次）反法同盟在数小时内就结成了。

这次还有一个新的因素，威灵顿也在维也纳，他暂时接替英国外事秘书卡斯尔雷，成为英国代表团团长。他的军事才能如今在欧洲赫赫有名，即便他没有击败过拿破仑本人，他也击败过拿破仑的所有元帅。在维也纳，他近来展现出来的政治和外交才能，赢得了诸国君主和部长们的信任。他们认真听取他的军事建议，毫无疑虑地让他负责阻止拿破仑的进一步行动。他被任命为大元帅，不仅是英军在法兰德斯的元帅，也是全军统帅，可以迅速集结在那里的日耳曼、荷兰、比利时军队。威灵顿猜的没错，如果拿破仑要打闪电战，他就会北上。

但会在什么时候呢？同盟军的每一方都保证投入至少十五万人的兵力，直到拿破仑被摧毁才会撤军。拿破仑从波旁王朝那里获得了十四万常备军，三分之一的士兵可以在 3 月底集结完毕，4 月初向北推进。出于政治原因，他拒绝了这个选择。因为这样会坐实他侵略者的名声，而他希望同盟军首先表露侵略法国的意图。事实上，政治援助、外交或者宣传攻势并不能带给他什么优势，只有打胜仗才能挽救他。放弃闪电战，他就等于为同盟军创造机会。另一方面，在仓促建立起来的行政机构的非凡努力下，他成功集结了三十六万人，其中十八万人可在阵前作战。但此时他违反了自己的原则。他没有全力进攻，而是将军队人数压缩到十二万，其余人分散到边境以抵抗入侵。在接下来的战斗中，如果再增加三万五千人，结果可能就大不一样。但是谁能保证这能有多大不同呢？拿破仑的第三个错误就是不再让缪拉为他效力，那是他最好的、最有经验的骑兵指挥官。当拿破仑回来的时候，还在任的二十名元帅中，四名跟随路易十八，三名叛变归顺英国同盟军，一名去了普鲁士人那里，两名躲了起来。因此，只剩下十名元帅追随拿破仑，其中包括新人埃曼努尔·德·格鲁希。或者说只有九名元帅，因为缪拉是在丢失了那不勒斯王国之后回到法国的，拿破仑决定不原谅他，也不再信任他。骑兵本就是拿破仑的弱项，这一决定无疑是一种自我摧残。

没有什么比详细、理性地描述一场参战的大部分将军都感到困惑的战役更为复杂的事情了，这就是为什么在拿破仑看来，他的大部分主要战役都被粗略地对待的原因之一。虽然滑铁卢战役本质上很简单，但在历史上举足轻重，值得细究。拿破仑必须快速行动，每过一天，同盟军集结得就越多，人数上的优势也就越大。1815 年 6 月初，威灵顿的英、荷、德联军，总人数已经达到了九万多，总部设在布鲁塞尔。布吕歇尔的普鲁士军队约有十一万六千人，总部设在那慕尔。他们沿九十英里东西轴线排开，纵深推进三十英里，中心位置是沙勒罗瓦，就在九十英里宽大正面的正中间。

而这正是拿破仑想要攻击的点。他 6 月 11 日从巴黎出发，三天之后，成功地集结了一支军队，将分散在一百乘一百七十五英里边境上的军队组成三支联系紧密的楔形部队，直指沙勒罗瓦。行动很快，彰显了拿破仑的威严和魄力，由于"不可缺少的"参谋长贝尔蒂埃拒绝加入，他只好用了苏尔特。苏尔特不是参谋长，更像是发令将军。不过，直到行动开始，拿破仑的书面指令都迅速而有技巧地得以传达，没有权力衰退的迹象。此外，虽然威灵顿和布吕歇尔都努力打探消息，但拿破仑军队的迅速集结还是让他们吃了一惊。

拿破仑将兵力分成两翼（由内伊和格鲁希带队），剩余的兵力由他自己统领，负责中线进攻。像往常一样，他向沙勒罗瓦进攻的目标是阻止英国人和普鲁士人联手，因为一旦双方联合起来，在数量上会远远超过他。内伊对阵威灵顿，格鲁希对阵布吕歇尔，拿破仑居中调度，任何一翼开战，他都可以转去支援。因此他像往常一样，希望倚仗数量优势，分别摧毁两翼的同盟军。

进攻从 6 月 15 日开始，军队在桑布尔河的沙勒罗瓦桥上被拦截，拿破仑很快赶到，带领年轻卫队迅速突击，这时他的状态正好。他在沙勒罗瓦发出指令，让内伊和格鲁希各自开战。普鲁士人虽然战斗力不强，但撤退有序。另一方面，英国人固守在四臂村的主十字路口，法国人需要攻下它才能迫使盟军分开。拿破仑的计划因此未能全部实施，但他还是掌握着战略上的主动权，占据优势位置，打算在天黑前执行该计划。部队在方圆十二英里的地方安营扎寨，在英军和普鲁士军人的正中间，可以攻击任何一方。

无论如何，两边的同盟军还能互相联系，威灵顿和布吕歇尔还在能看到法军的布莱镇会面并讨论计划。公爵迅速加强了他在四臂村的阵地，同时新的部队一直在向他进发。这对他来说至关重要，因为他知道如果拿破仑集结所有兵力来攻打这里，他的军队在人数上会处于下风。另外，他身边的半岛老兵稍微有些少，没有多少得力干将，而国内当局并没有让他挑选他自己的高级参谋，他们刁难他，让诸如乌克斯布里奇勋爵之类的来指挥骑兵。很难说威灵顿更不信任哪一方，骑兵还是他们的将领。因此，寻求增援是他的首要任务，要得到援兵并有效部署他们，就需要保持后方道路的畅通。这就是为什么在滑铁卢之战的前几天，公爵花了很大的功夫表现得毫不担忧，以掩饰他的焦虑。实际上，他非常忧心。所以他参加了著名的里士满公爵夫人的舞会，这不像拜伦想象的在大理石大厅举行的那种舞会，而是在一个临时布置起来的洗衣房里。就这样，威灵顿将可能会出现的大恐慌消弭于无形，这样的恐慌原本可能会让他后方的道路被逃难者和他们的家当堵住。威灵顿的冷静，让他获得了源源不断的增兵，有的援军甚至在滑铁卢双方交战当天到达，直接投入战斗。

6月16日，拿破仑的计划开始出错了，虽然还不至于酿成灾难。他让内伊在左翼攻下四臂村，然后自己率领中线与右翼的格鲁希合力摧毁试图坚守在利尼主阵地的布吕歇尔的部队。但这个计划出错了，因为指挥官埃尔隆伯爵从拿破仑和内伊那里收到了冲突的指令（如果贝尔蒂埃在，就不会发生这种事情），于是保持在原地不动，没有参与。而如果有了埃尔隆的援助，内伊可能就会攻下四臂村，结果是虽然付出了英勇的努力，但还是失败了。拿破仑在下午开始对在利尼的普鲁士人发起进攻，并决心拿下。普鲁士人顽强抵抗，在晚上八点左右，布吕歇尔自己带领了一队骑兵发起冲锋，他的战马受到枪击，摔倒时从他身上滚过。布吕歇尔失去意识并被带离了战场，但又很快恢复了意识，重新开始指挥行动。到九点左右，普鲁士人明显守不住了。如果拿破仑真有埃尔隆的支持，普鲁士人的撤退可能就会成为一场溃败。真实的情况却是，他们保持着队形，有序地撤退，准备再次加入战斗。双方损失惨重，两万多人丧命。利尼两侧四百平方码的空地上就有四千具尸体，而整个战场却有两平方英里那么大。战斗的高密度和高伤亡人数是整场战役的特征，四臂村的十字路口就有约一万名伤员。

考虑到普鲁士人的撤退，威灵顿在 6 月 17 日早些时候决定，保持与他们的联络应该列为最优先事项，因此他们从四臂村撤出，转移到一个新的位置，这就是后来的滑铁卢战场。内伊或者拿破仑本人都没有在这次微妙的撤退中全力追击，这是整场战役中最致命的错误。威灵顿现在处于一个相当强大的防守位置上，这让他的军队可以免遭炮火，他也能够与布吕歇尔保持联络，布吕歇尔承诺将派遣两到四支援军来帮助他。第二天，即6月18日，法军首先发难。拿破仑给格鲁希送去了三万三千士兵和九十六门枪炮，约等于己方三分之一的兵力，以阻止布吕歇尔去帮助威灵顿。由于一连串惊人的意外，格鲁希最后到达了布吕歇尔派去滑铁卢的四支援军的东边，而不是西边。在生死决战的时刻，格鲁希和拿破仑都没有意识到这个致命的错误安排，这使得拿破仑"各个击破"的战略毫无意义。

尽管如此，6月18日黎明，拿破仑仍有取胜的机会。在过去几天里都有断断续续的雷雨。战场主要是泥泞的玉米地。双方的人都疲惫不堪，衣服湿透，虽然处境困顿，但大部分人都心志坚定。威灵顿觉得有必要派遣四分之一的军队，也就是一万七千人到他的右侧（即往西）八英里的地方，防止法国人从那里包抄。回想起来，这似乎是个错误，尤其是这部分力量中包括了英国的一整个师。但很可能，如果公爵没有采取这个预防措施，拿破仑就改变了计划，从西边包抄过来。拿破仑之所以是如此可怕的一个对手，就是因为他能够抓住对方防守的漏洞，以他超凡的机敏，快速地发起攻击。派出援军后，威灵顿还剩下三万英军和日耳曼国王军团的部队，还有荷兰、比利时以及其他杂牌队伍三万六千人。有些士兵作战骁勇，有些则不是。威灵顿在这天开始的时候有些担忧。他有一百五十六门炮，一半是英国的。拿破仑的军队有七万四千人，全是法国人，还有二百四十六门炮，全部署在完全看得到英国人的一千三百码之外。它有三条进攻路线，卫队是第三条。

布吕歇尔带着士兵向人数不占优势的威灵顿方面行军，但是由于一些客观原因，他们行军缓慢。这也给了拿破仑在普鲁士人到来之前摧毁威灵顿的机会。确实，他发出了命令，让格鲁希尽一切努力拖住普鲁士人。格鲁希从来没有执行这些命令，一部分是因为他误读了命令，但主要是因为他不知道他身处何处。格鲁希迷路的唯一原因是他看不懂地图。但是，这可是史上最佳军事地图家拿破仑向他发出的关键指令，这个理由显然站不住脚。可战争就是充满了这样的谜团。不管格鲁希的不作为是出于何种原因，最后的结果是他和他的军队自此退出了这场战役。鉴于他给拿破仑提供的这些帮助，他可能更适合待在巴黎军营里。

如果拿破仑按照他惯常的速度全力进攻，他原本应该在黎明之前，或者至少在早上六点之前就发起攻击，那么阻止普鲁士人回到主战场的行动的失败，也就不算什么事了。然而，他观察了战场，认为地面太湿，于是将进攻推迟到九点，继而十一点半，好等地面变干。当然，要让骑兵或者步兵在泥泞的、一个倾斜的坡上行走确实不容易。但是，在对方不断有援军加入（不算赶来的普鲁士人，威灵顿也有他自己的后援军）的情况下，错过五六个小时的攻击时机的确是一个错误，而且也与拿破仑抓取一切时机、为了抢速度而冒风险的原则不符。

拖延作战表现出拿破仑对战胜英国人过于自信。他无视那些曾与英国军队交战过的元帅的建议，元帅认为英国人擅长打防御战。他也低估了战术指挥官威灵顿。当苏尔特赞美威灵顿时，拿破仑回复道："那是因为他打败了你。"威灵顿没有犯低估拿破仑的错误。他觉得拿破仑一个人等于四万人的军队，这相当于把盟军的劣势又扩大了一倍。但威灵顿本人也是自信的人。他与法国军队打了二十多场阵地战，全部都赢了。正如他后来所说，让他吃惊的是，拿破仑没有进行太多调遣。他说："法国人以老样子打过来，我们又以同样的方式击败了他们。"威灵顿的意思是，拿破仑首先派了一支拥有八十门炮的炮兵部队发射掩护炮火，之后是大批骑兵，然后是步兵。炮火掩护失败了，因为威灵顿的反斜坡战术把伤亡减至最少，并保持住了军队的士气。八十个法国骑兵连的进攻虽然可怕，但是英国人有时间组成方阵击败他们。只有最有决心的、后面紧跟着步兵的骑兵，才能够冲破有序的方阵。这也是缪拉的缺席所导致的恶果：由于骑兵缺乏耐力，步兵又落在后面，法国许多最好的骑兵，包括老卫队的精兵，都做出了无谓的牺牲。的确，有一组荷兰－比利时军队临阵脱逃，也有两支乌克斯布里奇的骑兵在未经授权的情况下发动进攻，虽然取得了最初的胜利，然后便失去控制（像往常一样），遭到法国骑兵沉痛打击。威灵顿料到了这些小意外，并继续战斗，沉着冷静地填补疏漏。简言之，拿破仑在前三次攻击中，收效甚微。

现在，他需要不计代价尽快摧毁威灵顿的军队，因为已经到了下午一点，他在地平线上瞥见普鲁士军队正在迅速往战场这边赶来。因此他给内伊下了死命令，要立即拿下威灵顿重兵把守的中心地带——拉海圣农庄。

守卫这里的日耳曼国王军团已经弹尽粮绝，又无法立即获得补给。内伊带着狂热勇猛出击，在激烈的刺刀战之后，对方撤退了。但是这次反击没有打破盟军的战线，因为威灵顿只是重改并收紧了战线。到了晚上六点，布吕歇尔的第一批援军到达法国军队的右翼。他们的到来让威灵顿可以削弱左翼兵力，把两支骑兵部队集结到中线，让法国人没法从中线突破。

拿破仑已经意识到了局势的严重性，将他最后的武器——两个军团的老近卫军派去刺刀战的位置，试图截住普鲁士人。七点半时，他集结全线部队攻击英军阵地，并将不到五个军团的老近卫军全部投入战斗。这次攻击凶猛异常，但防御也格外顽强。一个可怕的喊声从法国军队传出："卫军撤退！"这绝望的声音从来没有在拿破仑指挥的战场上出现过。老近卫军的撤退虽然有序，却有决定性意义，这给了威灵顿反击的机会，他高喊："卫队集合，前进！"在一天绝望的防守后，英国人和他们的同盟军现在出击了，后面跟着大炮，猛击撤退的法国军队。同时，越来越多的普鲁士人包围了法国人的右翼。两支由原来第一兵团掷弹兵组成的法国老近卫军拒绝逃走，被炮弹炸得粉身碎骨。余下的士兵作鸟兽散，向各个方向逃去。

到晚上九点，一切都结束了。十五分钟后，威灵顿和布吕歇尔在另一处被攻击过的农庄会面——佳姻庄。布吕歇尔对威灵顿公爵说："老天，这叫什么事啊！"（Mon dieu, quelle affaire！）这几乎是他会的唯一一句法语，但很好地总结了这可怕的一天。战斗几乎全发生在不足三平方英里的地方，湿漉漉的土地被重伤的、战死的人和马铺满了。双方都展现了英勇气概。内伊像一头狮子一样地战斗，他的六匹战马都死了，最后领着他的人徒步走向英军。他挫败地拿着他的剑冲着被抛弃的大炮挥砍。他想战死在沙场，因为他知道，如果无耻地叛逃，他将被杀死，事实的确如此。

当拿破仑告诉他的母亲他要离开厄尔巴岛重新战斗时，她告诉他："好的，最好与你手中的剑一同死去，也不要在流放中浪费余生。"但是拿破仑没有找到机会重返战场。他也许不怕死，但是害怕被俘虏。确实，如果他落入普鲁士人的手中，布吕歇尔可能会开枪杀了他。威灵顿说他从来没有在战场的硝烟中见过拿破仑，但他毫不费力地认出了发号施令的苏尔特。当黑暗最终降临到这漫长的、可怕的一天，拿破仑搭上了马车，由一队骑兵护卫着离开了。但是混乱的一切很快就迫使他骑上马，尽可能快地逃往安全地带。拿破仑没有评论法军此次的伤亡情况，仅滑铁卢战场上就有四万人。布吕歇尔在这一天的最后几个小时损失了七千人。威灵顿损失了一万五千人，包括最好的将军和军官，以及他的许多朋友。威灵顿不为所动，就像拿破仑一样，但是战斗最后的几分钟里，乌克斯布里奇在和他说话时因为炮击失去了一条腿。公爵很明显被这屠杀的场景震撼到了，不停地对一位辉格党议员托马斯·克里维说："赢得好险，赢得真他娘的好险。如果我不在那里，我不觉得会赢。"滑铁卢最痛心的经历引发了他最真诚的评论："生命中，没有什么比赢得一场战争更糟糕的了，除了输掉战争。"他对拿破仑行为的最终看法是，他原本可以更聪明一些，赢得一场决定性的胜利，这可能会给盟军带来难以克服的困难。"但是那时候他总是太没有耐心。"

滑铁卢是历史上决定性的一场战斗，让大革命和拿破仑时代走到了终点。6月20日，拿破仑将余下军队的指挥权交给了苏尔特。法国军队绝没有完蛋——约有十五万军人还在用各种方式战斗，还有十七万五千预备军在操练，但法国精英们受够了。富歇想在波旁王朝谋求高位，于是劝说所谓的代表机构，即众议院和参议院，要求拿破仑退位。6月21日，拿破仑接受了。他并不清楚他接下来应该做什么，或者想做什么。他有一些模糊的想法，要去美洲，也许是美国。拉美现在全力反抗西班牙的统治，拿破仑不是唯一一个在那里看到他未来的人，拜伦也在考虑筹备一支队伍参加战斗。拿破仑在欧洲感到挫败，他后来谈到过在美洲建立一亿人口大国的计划。但是他得先去那里。他向罗什福尔靠近，希望在那里搭乘去纽约或者波士顿的船。但7月3日他到达那里时，发现英国海军已在那儿等着他了。经过五天的考虑，他认为，最好的办法是投降英国，以向摄政王寻求庇护，他称摄政王是"（我的）敌人中最有权力、最坚定不移，也是最慷慨的"。他搭上一艘护卫舰，护卫舰将他带到了艾克斯岛，在那里，他被转移到"柏勒罗丰"号上，这艘被捕获的法国战舰被英国舰队称为"比利·卢飞安"。但他的献媚并没有帮到他。他被带往普利茅斯，在那儿待了三周，引起了当地人群极大的兴趣，他们坐上一艘艘船前来看他。拿破仑只得每天同一时候身着全套制服站在港口接受围观。但是，对他来说，让人沮丧的事实一天天变得更加清晰。他没有自由，现在的延缓只是因为盟军需要商议把他送到哪里监禁。可怕的单词"圣赫勒拿"曾在一年前被提及，那时是作为厄尔巴岛的替代品，现在再次提出来，应该是不可改变的了。虽然拿破仑的辉格党朋友们试图将人身保护令送到战舰指挥官那里，但拿破仑还是处于拘禁之下，并被转移到了"诺森伯兰"号战舰上。这艘船在月底之前驶向了囚禁岛，1815 年 10 月 17 日抵达。这时的拿破仑四十五岁。如果这些事件发生在 20 世纪初，毫无疑问，他会被押上军事法庭，不可避免地被判有罪，并面临死刑或终身监禁的刑罚。后续的证据——他的所作所为，牺牲了四五百万人的生命，造成了巨额的财富损失——将会永远在有理智的人们心中决定他的罪孽。但在他那个年代，还没有这种程序的先例，也没有这样的机构存在。于是未经过法庭，拿破仑直接被囚禁，这是英国政府的官方行为，当然也得到了其他欧洲国家的同意和法国政府的默许。这个结果就是波普尔"非预期后果法则"的另一个例子——拿破仑传奇的诞生。

第七章 漫长的告别

将拿破仑囚在圣赫勒拿岛的决定是在维也纳会议上做出的，后在亚琛会议上得到确认，又在英国法庭上由议会法令生效，指明他是战俘，称为拿破仑将军。圣赫勒拿岛是一座火山岛，周长二十八英里，在大西洋南部，曾是前往印度途中的一个给水站。这里是典型的热带海洋性气候，常常大雨倾盆，偶尔有薄雾，在这里生活的人常患有阿米巴痢疾。除此之外，这地方还算健康。这个岛是海军或商船经常通过的港口，既四通八达，又与可能营救他的同情者们距离遥远。事实上，拿破仑在这里居住的六年中，并没有认真地计划过逃跑。一个护卫舰中队在海岛周围维持了一个常设站点，海岸上有一列巡逻队，岛上有两千两百五十人的驻军。部署在岛上以抵御攻击的大炮总数增至五百门。这些设施每年大约花费英国纳税者五十万拿破仑金币。

　　拿破仑被允许带了一帮朝臣和一打用人——他的马穆鲁克保镖、一个男管家、一个厨师、三个仆从、三个侍卫、一个会计、一个司膳官、一个灯泡洗刷匠。仆人们没有制造麻烦。年轻的贴身仆人路易·玛尔尚崇拜失势的皇帝，还向仆从驳斥了"没有伟人是英雄"的公理。朝臣则是另外一番景象。查尔斯·德·蒙托隆男爵，可能是因为有漂亮的妻子阿尔比尼而被选中，阿尔比尼后来成为拿破仑最后的情妇，但她还有一位英国军官情人，最后因失宠而离开。加斯帕德·古尔戈将军是一个容易激动的人，也许是位同性恋（他有时候用"她"指称拿破仑），他嫉妒蒙托隆和他的妻子，还向男爵提出过一次决斗。他也在失宠后离开。还有一位民法官约瑟夫·德·拉斯·卡斯伯爵和他的儿子埃曼努尔。但是拉斯·卡斯后来因为破坏关押的条规，私自携带信件而被驱逐出岛。随从人员中的高级成员是亨利·贝特朗将军，他曾是拿破仑的宫廷元帅，年龄与拿破仑差不多。不幸的是他的妻子范妮是一位保皇党人，她在听说必须陪伴丈夫去流放地后，曾试图淹死自己，拿破仑更让她反感，当阿尔比尼离开之后，他移情于她，被她断然拒绝。其他形形色色的人在流放期间加入了朝廷，其中包括由皇太后和拿破仑的叔叔费什主教送来的神父，但他并未对被囚禁者有什么帮助；还有医生，其中柏勒罗丰来的外科医生巴里·欧米拉最为重要。朝臣总共有十二至十六名。

历史表明，不只是我们这个时代，所有政府，尤其是流放中的小政府，都是嫉妒和权谋暗流涌动的封闭团体，其中都会有不受待见的人，拿破仑的宫廷就是一个典型例子。有些时候，恨意明显，对背叛的指控四处横飞。拿破仑曾说过应该只带仆从来，这实在是至理名言。朝臣们的作用，就是记录拿破仑关于往事的回忆，其中六个人和一个仆从，还写了他们自己的回忆录，这奠定了从1816年开始并一直持续到今天的庞大的拿破仑文学产业的基础。这些回忆录，像其他和拿破仑有关的生平一样，在简单的事实上都常常大相径庭，并反映出被流放者的焦虑和反感，这与他生命中其他时期一样富有戏剧性。

除了前皇帝本人以外，戏剧性的主要源头，是阴险、顽固、恭顺、小心、诚实、焦虑，以及过于审慎的哈德森·劳维，他被任命为执政官兼狱卒。在英格兰，没有任何希望晋升或者身份尊贵的人想要这份工作，而劳维并非绅士出身，就高兴地接受了这份工作。每年一万两千英镑对他来说是很大的一笔收入，此外还有额外津贴，并获封巴斯勋章骑士指挥官（他已经是骑士了）以及当地的中将军衔。劳维的父亲曾是军队的外科医生。劳维是在军中出生的，十二岁时就参了军，并在帝国和欧洲战场终身服役。拿破仑嘲笑他从来没有听过愤怒的枪炮声，这完全不符合事实。劳维参加过三十一次战斗（拿破仑参与过五十五次），目睹过拿破仑的埃及战役以及他在莱比锡的战败。劳维在意大利、德国、希腊、西班牙、法国本土都打过仗，有马赛公民证实他曾经使他们免遭抢劫。他会讲多种语言且十分熟练，最早派的用场是召集训练当地军队（比如由英国政府资助的科西嘉巡逻警、马耳他军团、那不勒斯的非常规军，以及俄国－日耳曼军团），后来是保持与盟军的联络，尤其是与普鲁士人联络。因此他在十三场战斗中都是布吕歇尔的副官。他是一个多才多艺又富有经验的人，官方说法是"从1793年战争开始后，就从没有一天离开过岗位"。他曾担任过威灵顿公爵的军需长，威灵顿认为他不算聪明，但仍是一个尽职而谨慎的诚实军官，后来他不幸成了一桩虐待丑闻的标靶。

虐待又是从哪儿来的呢？在英国，它是由霍兰勋爵圈子里的辉格党人炮制出来的，这些人一直同情拿破仑，认为他是坚定的君权神授的反对者，希望能释放他或者让他逃跑。因为没能拿到人身保护令，霍兰勋爵和夫人就在劳维的任命宣布后，数次邀请他去霍兰府邸，引导他认同他们的观点，说服他对这位最有名气的囚犯实施最宽松的管制。劳维一开始有点儿迷惑，就这样，他被带进了欧洲最排外的圈子，不过他很快就意识到他们的意图。他明确表示他会严格执行由内阁和议会认可的殖民地秘书巴瑟斯特伯爵的指令，将会对拿破仑执行出于安全考虑的全部管制措施。在那一刻，霍兰勋爵圈子放弃了他，并一心想要对付他。

在岛上，这场运动是由朝廷故意引发的。拿破仑自己开始对劳维施展魅力，但很快发现他不为所动。从那以后，劳维就被描述成了撒旦：小气、多疑、说谎、贿赂他的随从、囚禁专家、卑鄙而残酷，是个纠集了一伙科西嘉土匪的杀人犯。常有人暗示劳维和拿破仑每天都为琐事吵嚷不休，小心眼的劳维与宽宏大量的拿破仑形成了鲜明的对比。事实上，他们只见过六次，最后两次对话完全是拿破仑在谩骂，劳维保持沉默。

我们注意到，从意大利到埃及，拿破仑很会搞政治宣传，现在，在霍兰勋爵的鼓励和协助下，他开始了人生中最成功的宣传攻势。一位在拿破仑身边担负护卫任务的年轻英国军官贝瑟·杰克逊总结道：

> 拿破仑的拥护者坚定而不知疲倦地执行着这样的策略，他们像这个伟人一样不喜欢被放逐的生活。他们在寄往英国的小册子和信件中

大发牢骚，抱怨不必要的限制、执政官的羞辱、给养品的稀缺、恶劣的食宿条件、糟糕的气候，以及许多其他让他们不满的事，但主要都是针对执政官的抱怨，把他当作所有错误的源头。

后来，在拿破仑过世后，蒙托隆向杰克逊承认说："这就是我们的策略——你在期待什么呢？"

事实是，劳维是个仁慈的人，就像他在生活中表现出来的那样。1810 年，他个人曾向拿破仑亲近的下属贝尔蒂埃表示反对法国军队在那不勒斯对卡拉布里亚爱国者们的大量杀戮。他在意大利和爱奥尼亚群岛担任过各种行政职务，深受民众爱戴，还收到过感谢信和荣誉佩剑。他在圣赫勒拿也深受各个阶层的欢迎，尤其是地主阶层。另外，事实上由于他自己的特权，他在 1817 年结束了那里的奴隶制，比帝国废除奴隶制的时间早了十六年。拿破仑过世之后不久，劳维被悲伤的旅长约翰·皮那·科芬接替职务，岛民们都舍不得他离开。

没有证据表明劳维对拿破仑吝啬或残酷。相反，是劳维将拿破仑的家庭补助金从每年八千英镑提升到一万两千英镑，与他担任执政官的年俸一样。后来家庭补助金标准恢复至原先的水平是因为殖民办公室的勒令让劳维别无选择。在拿破仑谴责这些导致整个政府机关全面缩减开支，同时借此为他的悲惨境遇造势，比如公开出售他的银器以及用家具生火的时候，劳维只能苦笑一番。事实上，拿破仑不缺任何东西。他在朗伍德建起来的，可能是岛上最好的房子，有四十多个房间。房中有一个很像样的图书室，劳维也允许大家阅览他的大量藏书（被否决了）。限制拿破仑骑行和走动是最基本的，他在朗伍德之外任何时候都有一名英国军官跟随。鉴于我们现在所知道的事实，限制他往来信件的做法虽然令人讨厌，但完全是合理的。

　　劳维处于一个无计可施的境地。拿破仑并不是像一个受到严格监禁的囚犯那样被关起来的，甚至不像在一栋房子里那样被软禁。他有一个朝廷，有参谋，外面还有一个军团的支持，甚至在英格兰，还有身处高位、很有手段的帮手。劳维必须得冒着生命危险确保这位让欧洲蒙难的最危险的人物无法逃跑，这个人对数百万人的死亡负有责任，他让整个欧洲大陆在十五年的时间中喧闹不停。拿破仑说话不算数，他毁掉了他签的每一份条约，尤其是以某种方式让他置身于厄尔巴岛的条约。最后的假誓搭上了十万勇士的生命，损失了大量财产。如果拿破仑再一次逃出，在他狂热野心的驱使下，无辜的人还会遭受什么样的痛苦，上演什么样的悲剧呢？这些顾虑让劳维变得严苛，欧洲也由衷感谢他的严苛。

拿破仑的工作就是发号施令。无所谓喜爱与否，他生命的目的就是战斗。因此，在圣赫勒拿他不会高兴。他需要女人，需要激情。在所有这些之上，他需要的是大事件，但是在圣赫勒拿岛上没有大事件。他建造花园。他独断专行。他试图学习英语、用英语写作，但没有成功——这在他写于1816年3月7日的短文里得到证实："拉斯·卡斯伯爵，六个星期以来，我一直在学英语。但是没什么进步。六个星期就是四十二天。也许如果我每天学五十个单词，那我就可以学会两千一百个词。"①他不断发表演说。他举办宴会，甚至偶尔跳舞。他有些时候会严重抑郁或生病，主要是消化方面疾病，除了侍从，他对谁都不表现出来。他出访，也接待访客。他与英国军官玩惠斯特牌。他会盯着远处的海久久站立，就像他曾常常站在战场上一样，一个矮胖的身影，一件灰色的大

---

① 这句原文中含有多处拼写错误。

外套，帽子将他的大额头遮得严严实实。

　　他就这样被人关注着、讨论着。1817 年 3 月 8 日，摄政王来到岛上。船上有五岁的威廉·梅克比斯·萨克雷[①]，他刚从印度回来，要去英格兰上学，还有他的黑人仆人劳伦斯·巴洛。未来的小说家记录说，巴洛"带我在山石上走了长长一段路，来到一座花园前，我们看到一个人在踱步。'这就是他，'黑人仆人说，'这就是拿破仑！他每天吃三只羊，还会吃掉抓到的小孩！'"。亲眼见到拿破仑的人们，对他的印象各不相同。把他带离了圣赫勒拿岛的乔治·科伯恩喜欢他，但是不喜欢他匆忙咽下食物后就离开餐桌的不礼貌的习惯。东印度公司在岛上的代理人的女儿，十四岁的贝琪·布里亚斯，与拿破仑成为了好朋友，虽然她抱怨他玩牌耍赖（她不是唯一这么说的人）。1818 年贝琪回英格兰时，拿破仑很难过。她一直记得他的爱和吻，并曾和拿破仑三世提起他著名的亲戚，也因此获得了阿尔及利亚的一座葡萄园。有些到访者有幸会被这位伟人接待，他们说他很亲切，会习惯性地问很多问题，但不太愿意倾听回答。从 1819 年开

① 威廉·梅克比斯·萨克雷（William Makepeace Thackeray，1811—1863），英国作家，代表作品为小说《名利场》。

始，他就比较少露面了。从 1820 年中开始，他生病了，总是待在家里。

拿破仑的死亡是围绕着他的诸多谜团中的一个，必须要详细说一说。从 1821 年 3 月 17 日他最后一次患病到 5 月 5 日去世，中间至少有六位医生参与治疗。他们对治疗方案无法达成一致，就像他的朝廷一样聚讼纷纭。他的症状包括胃部肿大、心律过缓、低温或高烧、呕吐、咳嗽、大量出汗、恶心、狂躁、颤抖、打嗝。他最终失忆并出现了幻觉。他服用了水银和甘汞，在气色不错的时候曾拒绝吃药，甚至拒绝见医生。他还拒绝了家里派来的两名神父，称他不信宗教；但他们还是秘密地给他举行了宗教仪式。在头脑清醒的时候，他更改了遗嘱，主要有两个大变化。一是，他留了一万法郎给老兵安德烈·坎蒂隆，后者于 1818 年 2 月 11 日在巴黎企图射杀威灵顿，但是后来由于没有目击者而被释放。二是在第五封电报上写道："我不是正常死亡。我是被英国寡头和他们雇来的杀手（劳维）暗杀的。英国人很快会复仇得逞。"

拿破仑是否真的相信他会被下毒？这点是存疑的，尽管在他把这条写进遗嘱前很久，他就开始重复这项控诉。他在圣赫勒拿曾提出过很多荒唐的控诉，比如说，他控诉贝特朗夫人是"妓女，和一般的站街女没两样：她睡了驻地军营里所有的英国军官"。以他的意大利－科西嘉的思维方式，他经常认为自己面临被下毒的风险，在他的整个军旅生涯里，也常常指责敌人想用毒药对付他。看起来，他不像是容易中毒的人。唯一一次下毒其实是自杀，1814年3月他服下了一剂药，按照报告的说法，"足以毒死两个骑兵"，但对他完全没有起作用。这也许是因为他的医生科维萨特的无能或狡猾，也许整个故事就是捏造的。拿破仑是肯定不会自杀的那类人，而且在1815年7月他本应有更强烈的自杀动机，但他也没想过自杀。许多研究拿破仑的历史学家都会对砷中毒的理论提出质疑，因为他们在剂量的问题上没有达成共识，直接的科学证据又无法推出结论。很难想象劳维能够或者愿意按照内阁的指令来做这件事。确实，拿破仑时不时认为德阿尔图瓦伯爵、未来的查理十世、"白人"恐怖主义者，或者俄国人、普鲁士人更有可能是凶手。

拿破仑的整个病史，已经被爱好历史的医生们详尽地研究过了。考虑到他的生活方式和所冒的风险，他算得上一位健康的幸运儿。他参与的军事行动可能比同时代的其他人都要多，包括内伊和威灵顿，他出现在大炮和步枪射程内的次数更多，尽管那两位的数字都与他接近。他至少在战斗中损失了自己骑乘的十九匹战马（被他踢死的更多）。在土伦之战中，他的脸受了伤，刺刀刺穿了他的左腿，伤痛一直困扰着他（他说的）。他的其他小伤不计其数。他开玩笑说，最严重的伤是在新婚的"战斗"中被约瑟芬嫉妒的巴儿狗咬到的。据说他（从约瑟芬那里）染上了淋病和梅毒，但是没有直接证据证明这一说法。

拿破仑显然害怕像父亲那样死于胃癌。他一生常常抱怨腹部疼痛。一方面他吃得很有节制，会喝加了水的葡萄酒；但另一方面，他又会在十分钟内狼吞虎咽地吃完一顿饭。在整个军旅生涯的活跃期，他都在马背上做剧烈运动。不管怎样，从三十岁起他开始发福，皮肤变得粉白，这让他在生命最后阶段格外引人注意，也让人们将他与猪相比。有好几次他在行房事的时候短暂地失去知觉（女人们抱怨他做得激烈但太快，而且不顾及她们的感受）。他的肺部也有断断续续的麻烦，虽然没有当时年轻人第二大杀手肺结核的征兆。大约从 1810 年开始，他的小便就出现了问题，这让他在征俄之战和后来的百日复辟中备感困扰。在圣赫勒拿岛生活初期，他就抱怨便秘、胃痛和呕吐，但最大的问题还是小便。确实，人们好多次看见他斜靠着墙或树，尝试小便，人们听见他嘀咕："这就是我的弱点——这最终会杀了我。"

佛罗伦萨医生弗朗西斯科·安托马契正式宣布了拿破仑的死亡，他在五位英国医生米切尔、利文斯敦、阿诺特、伯顿和肖特的注视下做了验尸检查，五位医生都在报告上签了字。另一名医生亨利草拟了这次报告，因为资历太浅而没有签字。他们的结论是，拿破仑死于胃癌或肿瘤，他们做这个判定之前，并不知道死者的父亲因胃癌去世。安托马契拒绝签署这份报告，自己写了一份报告，认为肝炎引起的肝肿大可能是死因。两份报告都描述了身体状况。牙齿健康，但因咀嚼甘草而被染黑。左边肾脏比右边大三分之一。膀胱太小，里面还有结石；黏膜增厚，有许多红色斑块。如果将尿道切开（按照一种理论的说法），就可以看到一个小小的环形伤疤，伤疤导致尿道过窄，连小结石也没法通过。这应该是拿破仑三十多岁后健康状况不佳的元凶。这具身体被医生们形容为"女性化的"，即脂肪层很厚、毛发很少、胸部和阴阜发达、肩膀窄、臀宽、生殖器小。我们可自行判断这些发现的重要性和可靠性。

拿破仑的死讯在 7 月 3 日传到伦敦。信使告诉乔治四世："我有责任告诉陛下，您最大的敌人死了。"他回复道："她死了，天哪！"（他以为是生病的卡罗琳王后。）威灵顿第二天在巴黎塔列朗的派对上得到消息。有人在听到消息的时候惊呼："这是大事件！"塔列朗干涩地回答："这不是大事件，这是新闻。"威灵顿的朋友阿巴斯诺特女士在 7 月 4 日的日记中写道："威灵顿公爵叫住我说：'现在我可以说，我是在世的最成功的将军了。'"

拿破仑·波拿巴的死不久就不再是新闻了。他最后的一句话，据说是"部队先锋"。他是按士兵的规格被埋葬的，穿着他最喜欢的卫队骑兵绿军装和他在马伦戈穿过的著名的灰色军大衣。他被埋在鲁伯特河谷，一个美丽的地方，坟墓上立着一块石碑，上面刻着"CI–GIT"（这里安息着）的字样，因为法国人和英国人在题字上没法达成一致。如果简单地"埋葬"（enterrement）在那里不被打扰，也许对法国和世界比较好。因为如果说拿破仑是作为遭受重创的失败者而死，那么他很快就会成为一个永恒的神话、一个常胜将军、一个模范统治者。复辟的波旁王朝从来没有受到过欢迎，1830 年他们就被巴黎的民众打包送走了。甚至波旁王朝也没有能够阻止拿破仑产业的出现。拉斯·卡斯《圣赫勒拿岛回忆录》在1822年至1823年间的出版，开启了拿破仑造神运动。这本书记录了拿破仑的流放生活，有许多不实记述和夸大，但成功地引起了人们对身处一连串外国侏儒之中的备受打击的巨人的同情。遵循同样的策略，古尔戈、蒙托隆、贝特朗的回忆录也随之而来。以皮埃尔-让·德·贝朗瑞领头的诗人很快接了班：1828年出现的《人民的纪念》，追忆了拿破仑生前的辉煌。曾经欢迎波旁王朝复辟的维克多·雨果，也转变了立场，由1827年的《纪念柱的颂歌》开始，写下了纪念拿破仑的充满激情的诗篇。很快，几乎所有重要的法国文学工作者都在努力创作，强大的巴黎出版界出版了关于拿破仑的生活和成就的彩色图片历史书，以低廉的价格出售，售出几十万本，被穷人所珍视，也是几代法国儿童的第一本历史读物。

这就是官方复兴（实际上是歌颂）的基础。路易·菲利普在1830年接替波旁王朝统治法国，模仿拿破仑的人民主义，高调地称自己为"法国国王"。1833年，他将拿破仑的雕像放回巴黎旺多姆广场的圆柱顶上。也是在1830年，辉格党最终在英格兰成功夺权，将威灵顿政府赶下了台。拿破仑曾在遗愿中要求将自己"葬于塞纳河畔",已是部长的霍兰勋爵多次要求英国政府遵从他的遗愿。1840年,英国政府同意将拿破仑的遗体转移。路易·菲利普派儿子弗朗索瓦乘战舰接回这个现在被整个法国称为"皇帝"的人的遗体。1840年12月,巴黎举行了一次盛大的葬礼,拿破仑的遗体被送到历史悠久的军事医院——荣军院,它由路易十四修建,后来被拿破仑改成了军事先贤祠。在接下来的二十年中,这里成了自古以来最豪华的纪念坟墓,在圆拱之下,赞颂着"史上最伟大的军人"。光束神奇地照到棺柩架,这是最让游客们在视觉上感到震撼的地方之一,虽然颇为俗套,但场面壮观、令人难忘。

1851年12月,拿破仑传奇对历史产生了第一次重大影响。拿破仑的侄子路易-拿破仑利用其声势,以他叔叔的方式发动政变,第二年成为"法国皇帝"。从此,拿破仑产业得到官方的支持和赞助。

取名《小伍长①》和《灰色男礼服》的新闻报纸遍地都是。由拿破仑三世下令,二十八卷拿破仑的信件,加

---

① "小伍长"即拿破仑的绰号。

上三卷他在圣赫勒拿的著作，以及最后一卷他的遗嘱和特别命令，在 1858 年至 1870 年陆续出版，许多受人尊敬的法国作家都参与了这次浩大的工程。有些人提出反对。拉马丁本来支持给拿破仑平反，后来抗议说："正在被注入到国家精神中的，是崇尚武力的拿破仑宗教，而不是真正的对自由的信仰。"但是大部分人都向这位传奇人物致敬，他是法国——正在迅速衰退中的——辉煌的缩影。拿破仑第二帝国在色当灾难中瓦解，正应了马克思的名言"历史会重演，第一次是悲剧，第二次是闹剧"——将这句话用在两位拿破仑的命运沉浮上，可谓若合符契。存在时间短暂的拿破仑第二帝国只是平添了一段怀旧之情，以纪念拿破仑帝国席卷世界的年代。因此，克列孟梭共和国、贝当的维希独裁政府、经历了存在主义混乱期的第四共和国，以及戴高乐的第五共和国，都在坟墓前屈膝，致敬它的主人。

从长远来看，也许更严重的是，这种拿破仑崇拜的兴起，培育了大量的后代。本该重塑辨识力、制衡力，以及在喧嚣中寻求真理的英国人，事实上背道而驰了。1822 年，欧米拉在关于圣赫勒拿的回忆录中赞扬了拿破仑，诋毁了劳维，自这时起，对拿破仑的崇拜就在英格兰开始了。被激怒的前执政官①用尽余生和积蓄来驳斥欧米拉的谎言，但没有用。没人看黑兹利特的圣徒传记，但是许多人都买了瓦尔特·司各特的《拿破仑的一生》，这本书虽然批判了拿破仑，但以"备受打击的巨人"为主题，反而唤起了人们对失败者拿破仑的同情心。其他的就更甚。美国19世纪中期最受欢迎、最有影响力的作家爱默生，赞美拿破仑为"中产阶级的代理人"，视他为令人敬佩的"白手起家"（一个马上成为时尚的词语）者的原型。自立的福音派传教士塞缪尔·斯迈尔斯拥戴他为至高的典范；贝洛克、切斯特顿、哈代和肖用不同方式将拿破仑拥戴为"欧洲的拯救者"、人民的皇帝、真正的超人。

追溯起来，最引人注目的英国拿破仑主义者是托马斯·卡莱尔，他在1841年著名的演讲《英雄崇拜》中，让拿破仑一举成为焦点。就像大部分其他作者一样，卡莱尔承认拿破仑有致命的道德缺陷，这点让他看起来不够好；但不管怎样，他是"真正的民主人士"，"我们最后的伟人"。对拿破仑的喜爱让他开始撰写腓特烈二世的传

---

① 指劳维。

记，这本传记令德国人兴奋不已。1945 年，在柏林的地下掩体里，戈培尔为希特勒朗读这部书，二人互相安慰，度过了生命中的最后几天。拜全德国最流行的诗人海涅的诗歌所赐，拿破仑，这位强有力的统治者，这个"马背上的男人"，已经在德国找到了一个家。在这里，他的前崇拜者黑格尔构想出来的"全能国家"已经变成了纳粹极权主义者的主要思想源泉。墨索里尼是一位像拿破仑三世一样的独裁者，有拿破仑一样的脾气，喜欢古罗马和它数不尽的廊柱。阿尔伯特·施佩尔是希特勒的建筑师，一个能把事情弄得一团糟的人（apprenti sorcier），他也是拿破仑主义者，他与希特勒的关系，同德农与皇帝的关系惊人地相似。20 世纪的独裁者们显然都是拿破仑的翻版。着实让人好奇的是，拿破仑在生前没能打碎欧洲的正统王朝，但在最后，他却促成了维也纳会议的召开，后者如此坚定地重塑了合法性，以至于让欧洲正统王朝又持续了一个世纪，直到第一次世界大战自我毁灭。相反，拿破仑主义最大的邪恶——对力量和战争的崇拜、全能国家、用宣传神化独裁者、在追求个人和意识形态的过程中全民皆兵——到 20 世纪才成熟起来，面目可憎地走入了历史的"无耻时代"。我们理当打破神话，直指事实，记住这个人是引发了后来种种的元凶。我们必须重温历史：无论是军事征战，还是立国兴邦，如果没有一颗谦逊而善悔悟的心，任何形式的伟大都不足挂齿，而且在极端情况下还会很危险。

扩展阅读

　　1974 年，拿破仑的三十二卷法文书信在巴黎重印。两卷本英文版书信集出版于 1946 年，两卷本他与哥哥约瑟夫的通信集的英文版出版于 1855 年，三卷本官方军事通信的英文版出版于 1913 年。他的书面自述和口述的文章被许多作品收入，如 J. M. 汤普森撰写的《拿破仑的自我揭示》（1934）和克里斯托弗·赫洛德的《拿破仑的头脑》（1955）。拿破仑辞书有很多，大都是法文的，比如安德烈·帕吕埃尔的《皇帝词典》（1969）。有两本关于拿破仑的优秀的英文短篇传记：H. A. L. 费舍尔的《拿破仑》（1913）和赫伯特·巴特菲尔德的《拿破仑》（1945）。对拿破仑持正面观点的英文传记有 J. 霍兰·罗斯的《拿破仑的一生》（1935 年再版）和弗兰克·麦克林思的《拿破仑传》（1998）。J. M. 汤普森的《拿破仑·波拿巴：起伏》（1969 年再版）更具批判性。另一部具批判性的著作是皮埃尔·朗弗雷的《拿破仑一世史》，原著为法语，分四卷，1867年至1875年首印，1973年英文版重印。吹捧拿破仑的法文传记数不胜数。对于他同时代人的批判性意见，可以阅读夏多布里昂的《墓中回忆录》，还有斯塔尔夫人的《十年流亡记》（1821）。法国历史学家伊波利特·泰纳在《当代法国的起源》（1974年英文版）一书中对反对拿破仑的情况做了精彩的总结。威灵顿关于拿破仑的评价可以在斯坦厄普勋爵的《与威灵顿的谈话》中找到；要比较这两个人，可以读读安德鲁·罗伯茨的著作《拿破仑与威灵顿》（2001）。关于军事战役，最好参阅D.D.霍华德的《拿破仑军事史传》（1986）。关于滑铁卢战役的优秀著作有格雷戈尔·达拉斯的《1815：通向滑铁卢之路》（1996）。此外，我还推荐阿利斯泰尔·霍思的系列著作，从《拿破仑：欧洲的主人，1805—1807》（1996）开始。对于拿破仑的婚姻，可以翻阅伊万杰林·布鲁斯的《拿破仑与约瑟芬》（1996），以及阿兰·帕勒梅的《拿破仑与玛丽·路易丝》（2000）。关于拿破仑生病的历史，可以查阅J.亨利·迪布尔的《拿破仑的外科医生》（1970）、詹姆斯·O.罗宾逊刊登在1979年8月的《皇家医学学会期刊》上的《拿破仑的健康状况每况愈下》，还有弗兰克·吉尔斯的《拿破仑·波拿巴：英格兰的囚徒》（2001）。关于拿破仑崇拜，可以读读让·卢卡斯–杜布雷顿的《拿破仑的狂热》（1960），以及 E. 坦吉·利思的《拿破仑拥护者》（1970）。

企鹅人生
Penguin Lives

图书在版编目（CIP）数据

拿破仑／（英）保罗·约翰逊著；孔茂颖译；
赵庆丰校译．—北京：生活·读书·
新知三联书店，2020.10
（企鹅人生）
ISBN 978 - 7 - 108 - 06878 - 1

I.①拿… II.①保… ②孔… ③赵…
III.①拿破仑-传记 IV.① K835.655.2

中国版本图书馆 CIP 数据核字（2020）
第 170939 号

责任编辑	卫　纯　李方晴
特约编辑	毛文婷
装帧设计	蔡立国
版式设计	薛　宇
封面版画	袁亚威
责任印制	宋　家

出版发行 **生活·讀書·新知** 三联书店
　　　　　北京市东城区美术馆东街 22 号

邮　编	100010
网　址	www.sdxjpc.com
图　字	01－2015－0171
经　销	新华书店
印　刷	北京市松源印刷有限公司
版　次	2020 年 10 月北京第 1 版
	2020 年 10 月北京第 1 次印刷
开　本	787 毫米×1092 毫米 1/32
字　数	112 千字　印张 7
印　数	0,001－8,000 册
定　价	36.00 元

印装查询：01064002715
邮购查询：01084010542